Martine Mercury-Gineste

Le coaching des transitions de vie

Martine Mercury-Gineste

Le coaching des transitions de vie

Experts

Impressum / Mentions légales

Bibliografische Information der Deutschen Nationalbibliothek: Die Deutsche Nationalbibliothek verzeichnet diese Publikation in der Deutschen Nationalbibliografie; detaillierte bibliografische Daten sind im Internet über http://dnb.d-nb.de abrufbar.

Alle in diesem Buch genannten Marken und Produktnamen unterliegen warenzeichen-, marken- oder patentrechtlichem Schutz bzw. sind Warenzeichen oder eingetragene Warenzeichen der jeweiligen Inhaber. Die Wiedergabe von Marken, Produktnamen, Gebrauchsnamen, Handelsnamen, Warenbezeichnungen u.s.w. in diesem Werk berechtigt auch ohne besondere Kennzeichnung nicht zu der Annahme, dass solche Namen im Sinne der Warenzeichen- und Markenschutzgesetzgebung als frei zu betrachten wären und daher von jedermann benutzt werden dürften.

Information bibliographique publiée par la Deutsche Nationalbibliothek: La Deutsche Nationalbibliothek inscrit cette publication à la Deutsche Nationalbibliografie; des données bibliographiques détaillées sont disponibles sur internet à l'adresse http://dnb.d-nb.de.

Toutes marques et noms de produits mentionnés dans ce livre demeurent sous la protection des marques, des marques déposées et des brevets, et sont des marques ou des marques déposées de leurs détenteurs respectifs. L'utilisation des marques, noms de produits, noms communs, noms commerciaux, descriptions de produits, etc, même sans qu'ils soient mentionnés de façon particulière dans ce livre ne signifie en aucune façon que ces noms peuvent être utilisés sans restriction à l'égard de la législation pour la protection des marques et des marques déposées et pourraient donc être utilisés par quiconque.

Coverbild / Photo de couverture: www.ingimage.com

Verlag / Editeur:
Éditions Vie
ist ein Imprint der / est une marque déposée de
OmniScriptum GmbH & Co. KG
Heinrich-Böcking-Str. 6-8, 66121 Saarbrücken, Deutschland / Allemagne
Email: info@editions-vie.com

Herstellung: siehe letzte Seite /
Impression: voir la dernière page
ISBN: 978-3-639-47468-8

Copyright / Droit d'auteur © 2015 OmniScriptum GmbH & Co. KG
Alle Rechte vorbehalten. / Tous droits réservés. Saarbrücken 2015

LE COACHING
DES TRANSITIONS DE VIE
MERCURY-GINESTE Martine

A mon homme qui s'engage dans la cinquantaine avec l'envie de jouir du temps présent

A mon fils qui relève les challenges de la trentaine avec optimisme et courage

A ma fille qui mord dans la vie à pleines dents sur le chemin de ses 30 ans,

A ma mère et mon père qui m'ont enseigné la persévérance

A ma famille, mes amis qui ont accueilli mes transitions à bras ouverts

A Emma, pour les illustrations reflétant son talent et sa créativité

Illustration de la couverture © Emma LECOURT

SOMMAIRE

	Introduction	**4-8**
Chapitre 1➔	Transition professionnelle dans le chapitre de mes 20 ans	**9-25**
Chapitre 2➔	Transition professionnelle dans le chapitre de mes 20 à 30 ans	**26-39**
Chapitre 3➔	Transition professionnelle dans le chapitre de mes 30 à 40 ans	**40-53**
Chapitre 4➔	Transition professionnelle dans le chapitre de mes 40 à 50 ans	**54-69**
Chapitre 5➔	Transition professionnelle dans le chapitre de mes 50 à 60 ans	**70-82**
Epilogue		**83-86**
Bibliographie		**87-88**
Annexes		**89-91**

Clin d'œil à **CONFICIUS** dans les « Entretiens »

Le Maître dit :
« **à quinze ans**, je m'appliquais à l'étude,
à trente ans, mon opinion était faite,
à quarante ans, j'ai surmonté mes incertitudes,
à cinquante ans, j'ai découvert la volonté du ciel,
à soixante ans, nul propos ne pouvait plus me troubler,
Maintenant, **à soixante dix ans**, je peux suivre tous les élans de mon cœur sans jamais sortir du droit chemin.

INTRODUCTION

Dans notre société, nous parlons beaucoup de **changement** mais peu souvent de **transition.** **Pourtant,** nous ne sommes pas culturellement et psychologiquement préparés à vivre nos transitions. D'autres sociétés possèdent des rituels ou des rites de passage qui permettent aux individus de quitter un chapitre pour aller vers un autre. Ces sociétés voyaient l'existence comme une succession de phases, ponctuées par des transitions. Prenons les rites initiatiques dans les civilisations africaines. Chaque tribu possède ses pratiques et rituels, partage aussi des rituels semblables et communs aux autres tribus. Deux de ces rituels communs se nomment l'identification et l'initiation. L'identification a pour finalité d'associer l'enfant dès sa naissance à un dieu auquel il vouera un culte particulier. C'est leur manière de créer le lien entre un humain et un dieu, appelé la transcendance. L'initiation vient en seconde phase, véritable rite de passage ou transformation. Il s'agit pour l'initié d'acquérir la connaissance, les moyens physiques et psychiques pour réaliser son changement de statut social, le passage de l'enfant à l'adulte.

Le rite de transformation comporte trois transitions.
1. La première vise au détachement de sa tribu, de ses habitudes.
2. La seconde, l'initié se retrouve entre deux statuts sociaux (enfant/adulte).
3. La troisième et dernière étape permet le retour à la tribu avec un nouveau statut social, l'adulte.

Toutes ces pratiques ont un dénominateur commun, celui de maintenir l'équilibre entre les éléments qui constituent le monde : la nature, les humains, les esprits, les ancêtres, les dieux et l'Être suprême.

Nous verrons que l'initiation dans les sociétés archaïques s'apparente à des apprentissages exigeants de la vie par le respect de l'autre, de soi-même et du monde environnant. Ces apprentissages renforcent le lien social, d'appartenance à un groupe avec le respect de ses règles de fonctionnement. Selon Lorenzo Brutti, anthropologue au CNRS, **« c'est une véritable étape de socialisation, qui permet à la société de contraindre l'individu d'adopter des comportements conformes à ses valeurs et normes. En ce sens, les rites de passage apparaissent comme d'importants vecteurs de contrôle social »** (rites de passage, documentaire Mutations et Métamorphoses, 2004).

Dans notre société moderne, où l'industrialisation et les nouvelles technologies dominent et réduisent nos espaces naturels, nous méconnaissons quasiment ces phases de transformation. Ainsi, nous sommes amenés à constater que le passage de l'enfant à l'âge adulte dans notre monde occidental semble de moins en moins orchestré par la société. Il est assuré par l'individu lui-même, relève donc de l'expérience personnelle de chacun. Le passage de l'enfance à l'âge adulte ne semble plus marqué par un stade, il apparaît comme un mode de passage continu à l'inverse des sociétés dites primitives. Dans nos sociétés occidentales les rituels de passage, nécessaires à la construction de l'identité, disparaissent. Le temps devient continu, il n'est plus marqué par des cycles. Les nouveaux repères sont l'immédiateté et le "vivre ici et maintenant". Cela nous amène à reconsidérer deux concepts qui sont : **le changement et la transition, nécessaires à l'accompagnement pour redessiner ces cycles et permettre à l'individu de se repérer dans ses évolutions (cycle et rituels de passage).**

Chacun de nous, à travers sa vie a pris des virages, a donc vécu des choses qui ont bougé au moment où des événements se sont inscrits. En tant qu'individu, j'ai ressenti le besoin de repérer ces mouvements, moteur de ma vie, pour approfondir la connaissance de moi-même. En tant que coach, explorer les notions de changement et de transition me paraît essentiel pour accompagner avec justesse des personnes en transition professionnelle et personnelle.

Qu'est-ce qu'un changement ? Qu'est-ce qu'une transition ?

Selon William BRIDGES

Un changement désigne une réalité concrète et objective : un nouveau travail, une opération de fusion...

Une transition désigne une réalité psychologique, subjective. Cela ne s'applique pas aux évènements extérieurs mais aux adaptations internes que ces évènements impliquent.

GANDHI disait : « l'homme fonctionne et ne vit plus ». Triste constat auquel nous n'adhérons pas, il est important que nous puissions nous repérer sur le chemin de notre vie pour tenir notre cap vers la (es) destination (s) que nous avons choisie(s). Vivre, c'est aussi avoir cette capacité réflexive sur les étapes de notre vie : savoir analyser nos expériences, les accepter (positives ou négatives) et les intégrer pour affronter les suivantes.

Actuellement, c'est un peu comme si nous ignorions le cycle naturel des saisons, auquel les sociétés traditionnelles accordent une réelle importance. Nous pouvons y voir mourir le passé et renaître l'avenir. Pour accompagner les individus de notre société dans leurs chapitres de vie et transitions de vie, HUDSON a défini un cycle de vie : **les quatre saisons.**

Deux saisons illustrent les chapitres de vie :
→ **L'été** : période de succès, de stabilité, réalisation d'objectifs,
→ **L'automne** : période d'ennui, de désenchantement, de questionnement.
Ces deux saisons s'enchaînent par deux autres saisons ou mini transitions :
→ **L'hiver** : période d'introspection profonde, recherche de sens.
→ **Le printemps** : période faite d'expériences, de créativité.

Cette grille de lecture permet de redessiner les cycles de transition. C'est ainsi que chacun de nous voyage dans sa vie. En tant que coach, nous nous

appuyons sur ces cycles, pour accompagner une personne en fonction de sa saison, vers son objectif.
Elle permet au coaché d'identifier son point de départ (dans quel état d'esprit il est). Il est le plus souvent soit dans l'hiver, soit dans l'automne.

La formation de coaching que j'ai suivie, m'a apporté un ensemble d'outils. Après la phase d'appropriation et d'expérimentation, j'ai développé un protocole d'accompagnement que je déroule lors des séances de travail. Ce protocole s'appuie sur les travaux de Hudson et associe des outils complémentaires intégrant d'autres dimensions essentielles (les valeurs, les talents, les niveaux logiques, etc.)
Ce protocole s'est avéré pertinent et efficace pour analyser au plus près les étapes de mutation entre la situation de départ et la situation souhaitée par le coaché. Il favorise également la mise en œuvre du processus jusqu'au changement.
A partir des expériences de coaching, j'ai capitalisé un ensemble de situations de transition à double entrée d'analyse en associant les dimensions à la fois personnelle et professionnelle.

Je demeure convaincue qu'un coach doit aller le plus loin possible dans l'analyse de lui-même, pour travailler la distanciation nécessaire à établir entre le coach et le coaché. Il m'a paru pertinent de confronter ce protocole à mes propres transitions. Cette étape d'introspection, structurante, permet d'identifier les étapes communes de transitions (universalité du processus), tout en situant l'unicité de chaque parcours de vie (ceux des coachés et ceux du coach). Cette dissociation est primordiale pour assurer la distanciation dans la relation coach/coaché et d'éviter les phénomènes de résonance.

A ce stade de notre réflexion, nous proposons une analyse réflexive sur des expériences de transitions. D'abord, nous développerons l'analyse des phases d'introspection pour ensuite mettre en écho les retours d'expériences des coachés.

Découvrons ensemble quelques transitions de vie professionnelle.

Dans un premier temps, nous explorerons les transitions professionnelles que j'ai vécues, en les replaçant dans le contexte de ma vie en évolution permanente. Du chapitre de vie de mes 20 ans, je remonterai ainsi jusqu'à celui de mes 60 ans.
Ensuite nous aborderons l'accompagnement d'une personne en transition professionnelle selon ses chapitres de vie : comment je peux l'aider à définir son objectif et à l'atteindre ?

Précisons que le protocole d'entretien mis en oeuvre à la fois pour analyser mes transitions de vie et pour accompagner les coachés, se décline en dix étapes.

Enfin, ce protocole, une fois déroulé, nous conduira à des réflexions sur les processus de changement relatifs à chacune de ces transitions professionnelles.

Je vous propose de partager ces 3 phases ensemble.

> *Ivre de liberté.*
>
> *Ivre de liberté et d'ordonnance*
> *La vie enchaîne ses gammes*
> *Exécute ses parades*
> *S'articule en milliard de formes*
>
> *Se supprime*
> *Pour mieux renaître*
> *Se décime*
> *Pour reverdir*
>
> *Andrée CHEDID*

Chapitre 1

Transition professionnelle dans le chapitre de nos 20 ans

© Emma LECOURT

Phase d'introspection : les transitions de mes vingt ans.

En m'appuyant sur la démarche transmise par le centre international de coaching, j'ai réalisé un protocole composé de 10 étapes :

1- **Construire le contrat** : engagement volontaire établi entre le coaché et le coach. Dans la phase d'introspection, il s'agit du contrat moral que je me fixe.
2- **Clarifier et définir un objectif** : là où le coaché souhaite arriver. Dans la phase d'introspection, c'est l'objectif d'arrivée que je me fixe.
3- **Analyser la situation présente** : identification du point de départ du coaché dans le processus d'accompagnement.
4- **Appréhender l'état d'esprit du coaché**. Dans la phase d'introspection, cela a consisté à reconstruire l'état d'esprit à 20 ans.
5- **Rechercher des options** : explorer des scénarios envisageables et souhaités pour atteindre l'objectif.
6- **Prendre une décision** : le déclic permet au coaché de choisir un scénario et prendre la décision de le concrétiser. Le coaché fait un choix et s'engage à l'action. Dans la phase d'introspection, il s'agit de resituer les déclics qui entrainent l'action de changement.
7- **Définir le plan d'actions** : les étapes et les moyens pour parvenir à atteindre l'objectif.
8- **Mettre en œuvre le plan d'actions** : identification des tâches, planification chronologique et contrôle d'exécution.
9- **Analyser le chemin parcouru** : reconstruire le processus et analyser les retours d'expériences (pertes, gains)
10- **Comprendre et intégrer les processus d'apprentissage** des différentes étapes.

Dans la phase d'introspection, lors des étapes 7 à 10, il s'agit de reconstruire les processus de prise de décision et d'apprentissage.

Ce premier tableau expose les 10 étapes du processus de transition reconstruit dans la période de mes 20 ans.

Phase d'introspection : les transitions de mes 20 ans.

Etapes du protocole	L'analyse des transitions de mes vingt ans
Le contrat	Dans le cadre de ma formation de Coach avec le Centre International du Coach, je m'étais engagée à réaliser mon mémoire sur les transitions de vie. Je vous ouvre le premier chapitre de vie
L'objectif	Comment trouver ma place dans la société ?
La situation présente « vécue à l'époque »	Je recherchais à être quelqu'un d'autre que la fille de mes parents. Je m'essayais à plusieurs rôles, plusieurs personnages. Je passais d'un travail à l'autre. J'étais en deuxième année en Sciences de l'Education à l'Université de Poitiers
L'état d'esprit	J'étais autonome, libre, cependant ma situation ne me satisfaisait pas. J'éprouvais de la lassitude. J'avais l'impression de « tourner en rond », de « me tourner autour ». J'étais en « automne » (*période d'ennui, de désenchantement, de questionnement*).
La recherche d'options	En côtoyant des personnes salariées, je ressentais l'envie de m'engager dans un travail, je voulais réussir comme elles. • Soit, je continuais la faculté pour obtenir ma licence et je devais trouver un emploi en surveillance de nuit. • Soit, j'arrêtais la faculté après le DEUG et recherchais un travail pour me réaliser socialement. Je vivais un véritable dilemme entre être étudiante et être salariée. J'aimais l'ambiance de la faculté, les débats avec les enseignants, cette liberté d'action et de pensées. j'avais cependant des difficultés à mener à bien mes études tout en travaillant. Je saturais : de façon répétitive je terminais un contrat et je devais en chercher un nouveau. J'avais noué des relations avec des collègues qui s'accomplissaient dans leur métier. Que choisir, à quoi renoncer ? J'échangeais sur mes difficultés avec un enseignant. Il me fit rencontrer un des responsables du Centre Régional de l'Enfance et de l'Adolescence Inadaptées qui me renseigna sur plusieurs métiers et me présenta le métier d'éducateur spécialisé en cours d'emploi. Cette solution me convenait : acquérir un métier tout en travaillant.
La décision	Très rapidement, je relevais le défi de postuler. Je voyais les conséquences positives, j'avais le courage et l'énergie. J'entrais en « été » (*période de succès, de stabilité, réalisation d'objectifs*)

| Le plan d'action | Réussir les sélections
Obtenir le poste sur le Foyer Départemental de l'Enfance et l'Adolescence Inadaptées
Acquérir le métier d'éducateur spécialisé |
|---|---|
| La mise en œuvre | 1. Envoyer mon dossier de candidature
2. M'entraîner aux tests et entretiens de sélection
3. Me renseigner sur le Foyer Départemental
4. Contacter mes connaissances sur la région |
| Le chemin parcouru | J'avais réussi les sélections.
J'avais intégré le foyer départemental de l'enfance et de l'adolescence au pavillon des adolescents délinquants dits « cas sociaux » comme éducateur stagiaire en cours d'emploi. J'étais en été. |
| Les apprentissages | J'avais appris un nouveau métier, acquis des compétences nouvelles :
- travailler en équipe,
- accompagner les adolescents dans leur projet de vie personnelle et professionnelle,
- rendre compte aux différents partenaires sociaux,
- animer des réunions,
- créer et superviser des activités de loisirs à l'extérieur du foyer. |

Réflexions sur le changement dans cette transition professionnelle

Je m'étais appuyée sur mes connaissances et mes travaux réalisés à la faculté. Dans cette phase de transition, mes valeurs avaient bougé : le travail et le partage représentaient mes valeurs essentielles. Je possédais une autre lecture de la valeur « liberté » : être libre signifiait autre chose que ne pas se contraindre, ne pas s'engager. Acquérir et garder sa liberté pouvaient générer du plaisir sans pour autant en payer le prix fort.

Je vivais une autre réalité : la « liberté » se conjuguait avec intégration, engagement dans la société avec les autres. J'en éprouvais un réel plaisir. Ce sentiment de plénitude venait d'une autre façon d'être et d'être perçue. Celle d'être en accord avec soi-même, les autres et la société.
Je retiens que l'évolution de ma **valeur « liberté »** a eu un impact à la fois sur mes transitions personnelles et professionnelles. Cette valeur était structurante de mon parcours : elle a été le moteur de mes transitions.

L'étape des 20 ans fait émerger les questions suivantes : y-a-t-il vraiment une transition professionnelle ou une transition personnelle ? Le professionnel et le personnel seraient-ils dissociables ? Les deux ne sont-ils pas en interaction et ne s'influencent-ils pas mutuellement dans cette tranche de vie où l'on doit s'accepter dans sa globalité et se sentir accepté par les autres ?

Je fonctionnais de la manière suivante :

Au niveau personnel	Au niveau relationnel	Au niveau professionnel
Pour garder ma liberté, je faisais toujours plus dans la diversité et certainement pas mieux avec la conviction qu'il fallait payer le prix fort. Je circulais dans cette réalité	Je « papillonnais » d'une relation à l'autre, sans engagement personnel par peur de perdre ma liberté, peur dont je n'avais pas conscience	J'allais d'une entreprise à une autre, insatisfaite de n'être pas intégrée toujours par peur de m'engager et convaincue que c'était le prix à payer pour la liberté

François DELIVRE, dans son ouvrage le métier de Coach, nous explique qu'il existe types de changement :

- Changement 1 : « il s'inscrit dans la continuité et assure la permanence du système »[1].

Au niveau personnel	Au niveau relationnel	Au niveau professionnel
Le « changement 1 » consiste à rester dans un même cadre de référence. Ce sont des lunettes au travers desquelles chacun voit la réalité.	Le « changement 1 » consiste pour deux individus à adopter l'un vis-à-vis de l'autre, un processus relationnel répétitif même si celui-ci n'en satisfait aucun.	le « changement 1 » consiste à adopter vis-à-vis de l'environnement, une attitude routinière qui ne tient pas compte de l'évolution de celui-ci

- Changement 2 : le système ne suffit plus à lui-même et nécessite une rupture et un renouveau.

---

[1] François Delivre in « le métier de Coach »

Au niveau personnel	Au niveau relationnel	Au niveau entreprise
Le changement 2 consiste à changer de cadre de références, de croyances.	Le changement 2 consiste à adopter une régle du jeu explicite qui permet aux individus de sortir de l'ancien cadre.	Le changement 2 consiste à renverser des façons habituelles d'agir dans la recherche de solutions, prises de décision.

Dans cette étape de l'analyse, je constate que je me situe dans un « changement 1 » selon la théorie de François DELIVRE. Paul WATZLAWICK[2] résume cette étape de changement ainsi : « nous faisons plus de la même chose ». Chaque tentative vient s'ajouter aux autres sans produire l'effet escompté.

L'étape 10 des apprentissages nous indique que j'ai réussi le passage au « changement 2 », démontrant de ce fait l'insuffisance du « changement 1 » développé ci-dessus.

Au niveau personnel	Au niveau relationnel	Au niveau entreprise
J'étais prête, je m'acceptais et me sentais acceptée par les autres. ⇨ J'avais fait le deuil des personnages et rôles qui ne me nourrissaient plus.	J'avais établi des règles de vie entre les autres et moi. ⇨ je contrôlais.	Les niveaux personnel / relationnel m'ont permis d'être intégrée et de m'intégrer. ⇨ J'ai composé avec l'environnement, les règles.

Les pesanteurs permanentes, la routine m'ont amenées à modifier mes règles de fonctionnement et par-delà mes comportements. Comme le souligne Françoise KOURILSKY et François DELIVRE l'accès au « changement 2 » dans un système « **nécessite que les règles ou le fonctionnement qui le régissent subissent des transformations** ».

Dans cette transition professionnelle, la situation s'inscrit dans un nouveau contexte avec les mêmes éléments : la recherche d'identité et de reconnaissance sociale cependant dans un sens et un rapport totalement différent. J'ai changé de cadre de référence en changeant de croyances :
- la liberté signifie « engagement », partage
- l'intégration : « être avec », avoir un statut professionnel
- la liberté peut se vivre dans le plaisir

---

[2] Paul Watlawick in « Changements, paradoxes et psychothérapie »

Françoise KOURILSKY[5] affirme que tout changement résulte d'un apprentissage ou l'implique. Dans les 4 niveaux d'apprentissage qu'elle nous propose, le 2ème et 3ème niveaux nous intéressent tout particulièrement.

niveau 0	Il correspond à l'arc réflexe, le mouvement qui nous fait instinctivement enlever notre main d'une source de chaleur trop vive
niveau 1	Il fait référence au conditionnement .C'est l'histoire du chien de PAVLOV
niveau 2	Il consiste à ce que le sujet apprenne à apprendre. Il est capable de transposer ce qu'il a appris. Il s'apparente à un processus de généralisation.
niveau 3	Il relève du développement personnel, il vise à un lâcher- prise mental et à une transformation des comportements.

Dans la phase de changement 1, étape importante de ma transition professionnelle, je m'enfermais dans ma construction mentale sur la valeur : **liberté**. Ma liberté signifiait « pas d'attache », « pas d'engagement. Cette rigidité et les croyances associées s'apparentent à un processus de généralisation qui appartient à la classe des apprentissages de niveau 2 selon Françoise KOURILSKY. Ce processus participe à la perpétuation du comportement, du système de fonctionnement.

Pour accéder au changement 2, autrement dit que je puisse opérer une rupture, j'ai effectué les modifications nécessaires en réglant les incohérences au niveau de mon identité, en remontant au niveau de mes valeurs et croyances.

Pour rechercher les niveaux d'incohérence, je m'appuie sur les niveaux logiques de Robert DILTS. Les 6 niveaux logiques de DILTS, en partant du bas vers le haut, passent des aspects les plus concrets (domaines de l'action) vers les aspects plus intérieurs (jusqu'à l'identité, les domaines spirituels).
Cette approche distingue six niveaux de fonctionnement :
- **l'appartenance**. Ce que nous sommes (identité) est inclus dans un système de pensée, une communauté d'hommes. C'est à ce niveau le plus élevé que se situe notre vision du monde.
- **l'identité** : cela renvoie à qui je suis ? Quel est mon projet de vie ? Quelle est la mission que je me suis donnée ? La question : ce que je fais fait-il sens à ce que je suis ?

---

[5] Françoise Kourilsky : « Du désir au plaisir de changer ».

- **les valeurs et croyances** : pour agir même si nous savons faire, il faut que nos actions soient compatibles avec ce en quoi nous croyons, avec ce qui est important pour nous. Les questions : pourquoi fais-je cela ? En cohérence avec quelle(s) valeur(s) ?
- **l'environnement** : nous pouvons intervenir pour opérer un changement. Les questions : où, quand, avec quoi ?
- **le comportement** : nous sommes sur le niveau où se situent les actions. La question : pour quoi faire ?
- **les capacités** : nous trouvons le savoir-faire à acquérir, les capacités, les compétences. La question : comment faire ?

Il s'agit de déterminer l'espace « incohérence/problème » pour déterminer un espace « résolution /mutation ». Agir sur un niveau logique se fait en travaillant le niveau supérieur. Nous allons transposé ces 5 niveaux de DILTS sur l'expérience vécue de mes 20 ans dans le but d'identifier le ou les niveaux d'incohérence et le point de résolution.

Niveaux logiques	Recherche des incohérences	Résolution /Mutation
Niv1. Environnement : passage d'une entreprise à l'autre.	L'environnement soutenait ma croyance : changer d'entreprise pour rester libre.	
Niv 2. Comportement : je me limitais à ce que l'on me demandait de faire.	Mon comportement : Peu impliquée, peu motivée.	S'impliquer pour agir et construire
Niv 3. Capacités : étais-je capable d'évoluer dans une entreprise?	Besoin d'être reconnue par mes pairs, difficulté de me faire accepter par les autres	Etre capable de partage d'acceptation de soi et des autres
Niv 4. Valeurs croyances : à cause de quoi, j'agissais ainsi ?	Ma croyance : il faut payer le prix pour être libre (pas d'attache, pas d'engagement).	**Prise de conscience de la croyance limitante ➔ déclic pour en construire une nouvelle ➔ liberté /autonomie : s'intégrer, partager avec les autres.**
Niv 5. Identité : qui étais-je ? quel était mon rôle ?	**Perte de sens, je tournais en rond, je me tournais autour : frustration, insatisfaction.**	J'avais retrouvé du sens : acquérir mon indépendance, ma reconnaissance sociale par l'intégration et le partage.
Niv 6. Appartenance : quel est le sens de mon existence ?	**Quelle est ma mission dans la vie ? Quel est ma place dans la société?**	

Nous remarquons que si nous acceptons quoi que ce soit en tant que partie de notre identité, celui-ci peut avoir une influence très profonde. De plus, les croyances sont nos convictions personnelles, nos représentations à propos de nous-mêmes, ce que nous considérons comme vrai. Elles conditionnent une par importante de nos comportements et de nos capacités. Les croyances fonctionnent à un niveau différent de la réalité environnementale et comportementale, elles ne changent pas selon les mêmes processus. Dans cet exercice, nous pouvons vérifier que la résolution d'un problème ne s'effectue pas au niveau où le problème se situe mais au niveau supérieur. Le niveau croyances /valeurs avait pu être résolu par le niveau Identité. En effet la représentation que nous avons de nous même influence tous les niveaux inférieurs. Cette résolution avait immédiatement redonner du sens et impacté les niveaux de l'environnement , du comportement et des capacités.Tout cela m'avait permis de changer de cadre de référence et ouvert l'accès au niveau 3 de l'apprentissage. J'avais pu modifier mon comportement et redéfinir un nouveau cadre en accord avec moi-même reflétant mes nouvelles valeurs, le système ancien étant inapproprié.

Ici, se trouve le changement « profond » comme le nomme Françoise KOURISLSKY (niveau 3) et que François DELIVRE situe dans le changement 2. Dans ce chapitre de vie, j'étais prête à aborder un nouveau cycle de vie.

Poème de Zohra KARIM

Mots insensés
J'ai eu ce geste insensé et désespéré,
Je vous ai prié.
Moi qui me voulais indépendante,
Libre
Et éclairée.

Mon travail de coach dans l'accompagnement d'un(e) jeune adulte durant le chapitre de vie de ses 20 ans

Comment ? J'utilise le protocole de l'entretien en dix étapes comme outil d'accompagnement. Le contrat de coaching et le lien de qualité constituent les éléments fondamentaux préliminaires à l'entretien.

Dans ce travail, j'ai mobilisé les outils suivants :
- HUDSON Frédéric, les cycles de vie (les 4 saisons), les domaines de vie (les 5 domaines).
- DELIVRE François : les types de changements (changement 1 et changement 2).
- DILTS Robert : les niveaux logiques (les 6 niveaux logiques).
- KOURILSKY Françoise : les apprentissages (les 4 niveaux).
- l'hexamètre de QUINTILIEN.

Présentation des domaines de vie de HUDSON, de la roue des saisons et de l'hexamètre de Quintilien, : ces nouveaux outils ont été intégrés dans l'analyse des transitions à venir.

Les domaines de vie d'Hudson

Tous nos rôles se répartissent autour de cinq domaines de vie : Concrètement, nous pouvons découper notre temps en 5 grands domaines d'activités, appelés « Domaines de Vie » correspondant à la vie personnelle, de couple, famille, professionnelle et sociale.

- **Vie personnelle** : nous, dans l'intimité de nos pensées, dans nos rêves, dans notre vie quand nous évoluons seul(e), nos achats, nos activités sportives, artistiques, intellectuelles, spirituelles.
- **Vie de couple** : moi et celui/celle que j'aime qu'il soit là ou ailleurs. Ce domaine satisfait notre besoin d'intimité.
- **Vie familiale** : nos parents, nos enfants, notre famille.
- **Vie professionnelle** : l'activité que nous faisons contre une rémunération réelle ou symbolique et une reconnaissance sociale. Elle représente, pour la plupart d'entre nous, le domaine qui mobilise le plus de temps.
- **Vie sociale** : nos autres liens sociaux et nos actions tournées vers la société (pour l'environnement, toute forme d'engagement notamment dans la vie associative).

L'objectif ne consiste pas à savoir si nous passons plus de temps dans tel ou tel domaine car la notion de temps n'est pas représentative dans notre réflexion. L'important est d'identifier ce que cela représente pour nous et de pouvoir le mesurer sur un graphique représentatif. Nous reviendrons sur les domaines de vie dans les différentes transitions car ils bougent en fonction de nos objectifs et priorités selon la décade dans laquelle nous nous situons.

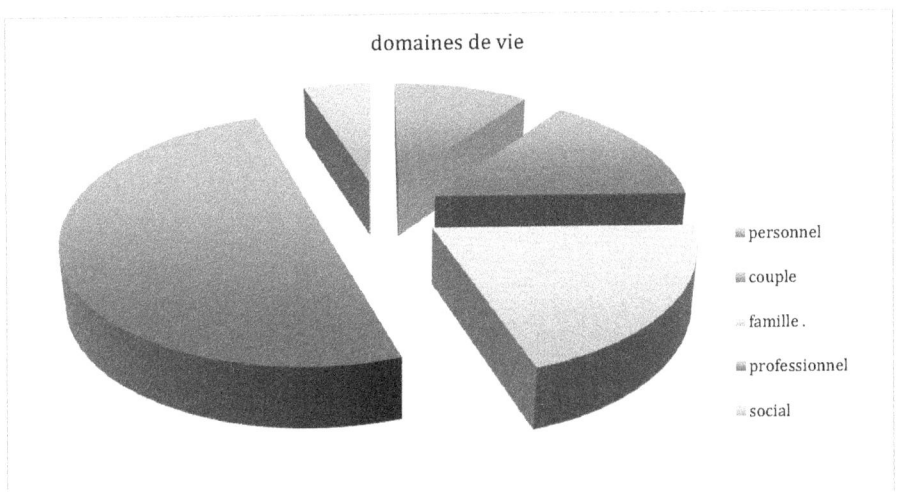

- **Le modèle de la roue des saisons développé par FREDERIC M. HUDSON** dans son ouvrage The Handbook of Coaching présente la vie comme une succession de cycles ou alternent chapitres et transitions. Ces périodes de réflexion et de remise en cause que nous vivons à travers ces cycles déterminent l'évolution que nous connaîtrons au chapitre suivant, soit une transition de type 1 (changement 1) soit une transition de type 2 (changement 2).

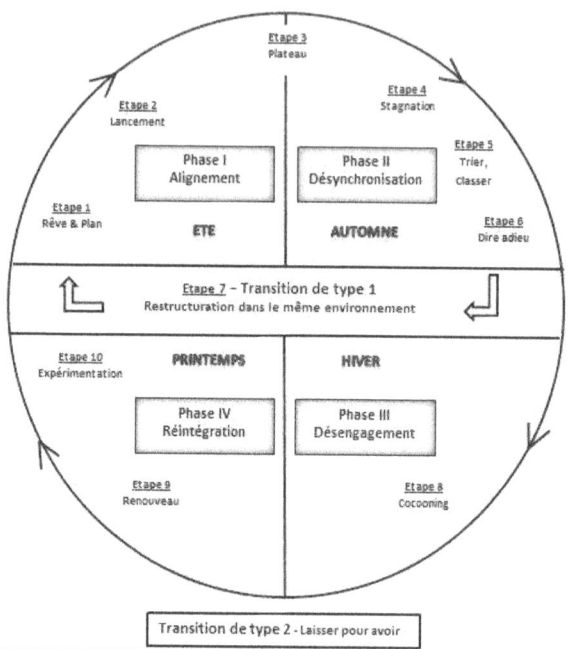

L'hexamètre de Quintilien est un outil pertinent pour explorer la situation actuelle ou une problématique avec tous les paramètres qui permettent une investigation complète. L'Hexamètre de Quintilien (ou Q.Q.O.Q.C.C.P) se déroule selon une check-list de questions types permettant de guider l'analyse exhaustive d'une situation donnée. Il s'agit de répondre à :
- Qui ? : quelles personnes interviennent dans la situation ?
- Quoi ? : pour faire quoi, qu'est ce que c'est, que faisons nous ?
- Comment ? : de quelle façon, avec quelle méthode ?
- Où ? : quel endroit, quel lieu ?
- Quand ? : à quel moment ?
- Combien ? : combien de fois, combien de temps, combien de personnes ?
- Pourquoi ? : recherche de causes explicatives.
- Pour quoi ? : recherche de finalité.

Nous l'utilisons à chaque séance de travail. Il nous est précieux pour clarifier un objectif, une situation, une problématique avec le coaché.

Etapes du protocole	L'analyse des transitions du coaché dans sa période des 20 ans
Contrat de coaching	Il est établi en précisant que nous pourrions prendre 2 à 3 séances pour la clarification de l'objectif. Durée des séances : 01 h 30. Les clauses de confidentialité lors des séances entre le coaché et le coach constituent l'élément primordial du contrat pour asseoir la confiance. Cela est valable pour tous les accompagnements, l'écoute est la pierre précieuse du coach.
*	La personne doit se sentir écoutée, c'est le premier acte d'intimité. L'écoute aide à communiquer harmonieusement, met en confiance et ouvre la porte au perfectible et au changement.
L'état d'esprit	Nous identifions la saison du coaché, par le jeu du questionnement sur son ressenti.
L'objectif	L'objectif de cette tranche de vie est le passage de la dépendance à l'autonomie. C'est la construction d'une identité propre : un sentiment d'identité cohérent doit se former Lorsque nous accompagnons sur cette tranche d'âge l'objectif est flou, le jeune adulte ne sait pas ce qu'il veut, il n'a pas de vision. Il cherche sa place. Je l'accueille dans sa globalité. C'est à moi de clarifier sa vision. Comment ? Nous savons que les valeurs déterminent ce que nous sommes et ce que nous voulons, aussi le jeune adulte travaille sur ses valeurs, selon le modèle d'HUDSON. Il voit que ses valeurs vont soutenir son objectif, soit : une formation pour un métier, ou l'apprentissage d'un métier.
La situation présente	En utilisant l'hexamètre de QUINTILIEN tout au long de la phase d'exploration, le jeune adulte va travailler sur du concret, sur sa réalité ici et maintenant. Il se base sur des faits. Il prend en compte : l'environnement, ses comportements, ses compétences, ses valeurs, ce qu'il est, pour et avec qui. Si nous remarquons, à ce stade, des confusions de niveaux, nous l'aidons à les résoudre avec les niveaux logiques de DILTS. Il exprime la situation désirée. Il emploie des verbes d'action. Il peut ainsi déterminer son point de départ.

La recherche d'options	En l'invitant à parler de ses expériences, de son vécu actuel, de la vision de son avenir, il repère les pertes et les gains que va créer cette nouvelle situation dans son monde familial, son cercle d'amis, son environnement social, pour lui-même. J'utilise les domaines de vie d'HUDSON. En même temps il identifie ses ressources pour y parvenir. Il exprime ses peurs, ses croyances et règles que nous explorons ensemble par le jeu du questionnement basé sur le protocole, au bout duquel le jeune adulte prend une décision d'action. Le **« ce que je prends, ce que je laisse »** : lui permet de franchir une autre étape face aux options à prendre. Il formalise ce qui est clair en lui par écrit, et, peut lire ce qu'il a choisi, ce qu'il accepte de lui, des autres. Par rapport à ses ressentis les plus fréquents, il identifie cinq états selon le modèle des cycles de vie d'HUDSON. Il identifie sa saison et repère les domaines de vie les plus importants pour lui. Il possède une autre lecture de lui-même, dans ce contexte de changement. Il peut s'appuyer dessus pour conforter son objectif.	modèle : sortir situation difficile en 6 points cf. annexe 1
La décision	Il exprime l'objectif à atteindre par des mots et une gestuelle. Il le place lui-même sur une échelle de 1 à10 et s'auto-évalue. Ce qui mesure son engagement et lui permet de construire son plan d'actions Il écrit son objectif. Il est dans le printemps	
Le plan d'actions	Je l'accompagne à bâtir son plan d'action. Le jeune adulte a tendance à galoper vers l'objectif en « surfant » quelques étapes. Il vise spontanément l'objectif en temps que résultat. Je l'accompagne sur la notion de cheminement, de méthode des petits pas. Il pose des questions, il se montre curieux. Il met des images sur la différence entre résultat et résultante. Il écrit, complète, efface, réécrit son plan d'action en plusieurs étapes qu'il commente dans l'entretien Il en est fier	protocole du plan d'action cf. annexe 2
La mise en œuvre	❶ Je l'aide à prendre conscience de là où il en est par rapport à l'objectif, Je l'encourage sur le travail accompli, Je l'accompagne, l'écoute, reformule, recadre sur l'objectif dans sa gestion du deuil, afin qu'il ne revienne pas à la situation ancienne, Je lui sers de miroir sur sa façon de changer. Je l'éclaire en reprenant ses mots.	

	J'utilise le silence pour lui permettre de s'écouter. ❷Il ressent, puis constate qu'il y a un décalage avec sa nouvelle identité interne et le système dans lequel il a vécu durant les précédentes étapes, il est prêt pour l'accès au changement 2, je fais en sorte par le questionnement et le feed-back qu'il continue à s'ouvrir l'esprit. Le regard se pose plus pénétrant, ses gestes s'amplifient, se décollent du corps. Il donne à voir sa mue complètement, aussi bien à travers son corps que son mental. ❸Il est en capacité de changer son cadre de référence et remet en question, sa ou quelques-unes unes de ses valeur(s) Il a fait preuve d'une énergie qu'il n'avait pas imaginée, il peut spontanément exploiter ses possibilités pour un nouveau cycle dans son prochain chapitre de vie	
Le chemin parcouru	Il a réalisé son objectif, et réussi son projet de vie. Il vit « l'été. » Il parle de lui, de ses envies « perso ». Fait la différence entre ce qui est bon pour lui et ce que les autres estiment être bon pour lui. Il a pris gout à l'essai, le vit comme des expériences plus au moins concluantes.	
Les apprentissages	Il a acquis une formation, de nouvelles compétences. Expérimenté le travail en groupe, et en entreprise. Il a pris de nouvelles responsabilités. Il sait se prendre en charge au quotidien. Connaît les règles entre lui et les autres. Il commence à créer son propre réseau.	

Observations du coach dans cette transition de vie des 20 ans

Dans cette tranche d'âge des 20 ans :

J'ai retenu la pertinence de cheminer avec les saisons, véritables marqueurs du changement. J'ai constaté l'importance de l'exercice du « je prends- je laisse » comme élément déclencheur de la prise de conscience du jeune. J'ai mesuré l'impact du travail sur les valeurs comme élément stimulant. Dans l'entreprise, lors de sa mission, sa relation au monde et à lui-même avait évolué.

Le travail d'accompagnement s'effectue au regard de ses valeurs et priorités de vie. Dans cette vingtaine, nous aidons le jeune adulte à découvrir son vrai nouveau visage, celui qu'il accepte et avec lequel il se sent accepté. Il s'agit qu'il puisse faire des choix par lui-même, selon ses désirs, envies, un choix raisonné et réalisable, non dicté par le désir parental ou familial.
Cette délicate transition du jeune, pas encore totalement adulte et indépendant, engendre des sentiments angoissants, des incertitudes, des doutes quant à l'avenir. Il éprouve un malaise plus au moins conscient des difficultés à affronter. Il légitime ce malaise en s'appuyant sur des croyances qu'ensemble nous nous attachons à dissiper et ou à effacer.

Nous recueillons en image, en gestuelle, en silence, en mots, la représentation de ce qu'est pour lui, devenir une « grande personne », un adulte. Nous l'aidons à vider sa besace remplie de préjugés, d'images reçues, de modèles parentaux et ou éducatifs. Ainsi, il pourra la remplir de nouveau avec ses propres images, ses envies, ses rêves, ses besoins, et décider de sa vie.

20 ANS, la décennie où les décisions ne se prennent pas d'un claquement de doigts car elles nous engagent pour notre transition suivante et sur une part importante de notre vie.

Revenons sur le rite de passage de l'enfant à l'adulte abordé en introduction selon le modèle des sociétés dites primitives. Il demeure présent dans de nombreuses sociétés comme fonction culturelle, patrimoine sociétal pour la pérennité du lien social et de la communauté. Celui, dès 13-15 ans qui pouvait se reproduire et nourrir sa famille devait traverser le rite de passage dont il revenait adulte. Sa vie était encadrée par des croyances et des rôles imposés par le groupe/tribu. Ce système a laissé des repères universels, ancrés encore à ce jour dans les civilisations traditionnelles.

Dans notre monde actuel occidental, c'est le jeune individu, seul, qui assume cette transition majeure, avec les conseils de ses parents, famille, amis, enseignants. Le passage du lycée à l'université ou une école des métiers, soumet le jeune à une forte pression : celle de réussir. Il se débat pour l'acquisition d'une autonomie psychique qui le conduira à celle matérielle. Hannah ARENDT [6] écrit à ce propos : **« transmettre un héritage et passer le relais : c'est d'une part, aider le jeune à comprendre dans quel monde, quelle histoire, quelles richesses il pénètre et d'autre part, lui donner l'envie et la confiance pour inventer la suite… »** Notre rôle de coach, de parent, d'accompagnant, est celui du passeur : donneur d'énergie pour que le jeune adulte goûte aux apprentissages, assouvisse sa curiosité, développe ses dons, teste ses capacités sociales. Christian BOBIN, poète, philosophe l'exprime, lors d'un interview, en ce sens : **« dans un adulte épanoui, je vois un enfant qui a réussi son coup et qui jubile »**. Nous ajouterons que « être adulte » contient cette valeur de partage si précieuse : je me sens responsable d'autrui. N'est ce pas le supplément d'âme de l'enfant qui est à jamais en nous tous !

---

[6] Hannah ARENDT : « La crise de l'éducation, être humain en devenir », publié en 1989

Chapitre 2

Transition professionnelle
dans le chapitre de mes 20 à 30 ans
(à travers 2 étapes)

© Emma LECOURT

Phase d'introspection : les transitions de mes 20/30 ans.

Etapes du protocole	L'analyse des transitions de mes 20/30 ans (phase 1)
Le contrat	Mon engagement à poursuivre mon mémoire sur les transitions de vie, ici nous allons explorer celles vécues dans la trentaine.
L'objectif	Négocier mon départ du Foyer Départemental.
La situation présente (vécue à l'époque)	Je vivais un deuil. Je me heurtais aux limites de la structure concernant les moyens de responsabiliser les « ados » Le foyer s'engageait à court terme vers une autre orientation : il accueillait désormais des débiles légers, profonds et des trisomiques. La population des « ados » avec laquelle j'étais engagée diminuait nettement. Cela menaçait mon poste et celui de mes collègues.
L'état d'esprit	J'étais peu motivée, Je recherchais ce qui était important pour moi. J'avais l'impression de fonctionner. Je sortais de « l'hiver » (période d'introspection profonde, recherche de sens). et passais dans l'« automne » (période d'ennui, de désenchantement, de questionnement).
La recherche d'options	Je ne voulais pas travailler avec la nouvelle population. Je ne voulais pas non plus démissionner. Le chômage me faisait peur. J'étais attachée à l'équipe qui me le rendait. Les résultats étaient très modestes par rapport à l'investissement. Chacun le subissait. J'avais identifié une source de satisfaction, de plaisir que je partageais avec les ados tant au niveau de l'activité que de l'environnement : la création et l'encadrement des activités de loisirs avec Jeunesse et Sports. J'eus rapidement l'occasion de revoir les inspecteurs de Jeunesse et Sports avec lesquels, j'échangeais sur les possibilités de rebondir dans les métiers qu'ils proposaient. Le lancement de la formation débouchant sur un nouveau diplôme : le DEFA (diplôme d'état aux fonctions de l'animation) allait se faire dans le trimestre avec dossier de candidature et concours. J'allais demander à la Direction de me financer cette formation dans le cadre d'une reconversion professionnelle. Il était préférable de partir que de subir la situation actuelle. J'étais appréciée par ma direction pour mon engagement, mon honnêteté, mon sens des responsabilités.

La décision	Nouveau défi, je décidais de passer ce concours bien que je ne m'y sois pas préparée car j'avais tout à y gagner. Je me situais dans le printemps, phase d'expérience et de créativité
Le plan d'action	Préparer ma demande de licenciement économique Présenter mon projet de formation pour me reconvertir Réussir ma négociation avec la Direction Recueillir toutes les informations relatives au concours.
La mise en œuvre	1. Prendre rendez-vous avec les ressources humaines pour maîtriser le dossier de licenciement du point de vue administratif et connaître les délais de mise en œuvre vu l'urgence. 2. Bâtir un dossier complet sur la formation/concours, faire l'argumentaire. 3. Prendre rendez-vous avec la Direction. 4. Envoyer mon dossier dument complété pour passer le concours.
Le chemin parcouru	J'avais obtenu un licenciement économique avec la prise en charge de ma formation. J'avais intégré la formation DEFA. J'étais en « été » (période de succès, de stabilité, réalisation d'objectifs).
Les apprentissages	J'avais pu capitaliser sur les savoir-faire et connaissances liés au métier d'éducateur spécialisé. Diversifié mes contacts et évolué dans différents environnements. Su adapter mon comportement selon les situations. Dans la formation, j'élargissais mon rapport aux autres. J'avais axé mes travaux sur la dynamique de groupe et ses phénomènes. Je m'étais spécialisée en gestion et organisation de structures de loisirs et d'hébergements légers. L'expérience du deuil m'avait apporté une autre vision du monde sans pour autant l'avoir voulue, un autre cadre de référence. Je ne voyais plus les choses en noir **ou** blanc mais en noir **et** blanc, même en couleurs, sans aucun effort. Les valeurs d'intimité et de recherche de sens avaient pris la place de celle du travail et de la puissance personnelle. J'adoptais d'autres comportements : je n'accordais plus la même importance à certains événements qui auparavant me faisaient agir ou réagir, mon entourage en bénéficiait et eux mêmes réagissaient différemment, mes valeurs avaient bougé. Deux questions étaient pour moi essentielles : ce que je fais, a-t-il du sens avec qui je suis ? Pourquoi fais-je cela ? Est ce cohérent avec mes valeurs et en ce dont je crois ? Mon expérience précédente m'avait amenée ainsi à définir mon projet de vie et à être capable de le réaliser car il correspondait à mes valeurs et croyances.

	J'éprouvais du plaisir dans ces cycles d'alternance entre le travail et la formation, entre l'action et la réflexion.

Réflexions sur le changement dans cette transition professionnelle des 20/30 ans

Tout processus de changement 2 implique des transformations sur lesquelles nous ne pouvons revenir comme nous l'avions vu dans le chapitre précédent. Ces transformations, ces nouveaux comportements nous permettent d'entamer une longue progression dont les résultats ne peuvent se percevoir tout de suite.

Dans chaque transition de vie, nous bénéficions, de l'expérience du changement de la précédente, qui me semble déjà complétée par l'actuelle ; qui elle-même est en train d'engendrer celle qui suit ! Le changement s'inscrit donc dans un processus dynamique. Nous ne savons pas toujours quand il commence et encore moins, quand il s'est opéré. Il s'inscrit dans l'infini, il est repérable dans la majeure partie des cas a posteriori. Pour Hannah HARENDT[7], dans son ouvrage la crise de la culture, « **la vie est un processus qui partout épuise la durabilité, qui l'use, la fait disparaître, jusqu'à ce que la matière morte, résultante de petits cycles vitaux individuels, retourne à l'immense cycle universel de la nature, dans lequel il n'y a ni commencement ni fin, où toutes choses se répètent dans un balancement immuable, immortel.** »

Dans cette période de mes 20/30 ans, j'ai vécu un événement de rupture : un deuil. Dans le cas d'une perte soudaine (point de départ du deuil), nous passons la plupart du temps par les cinq phases du deuil[8] : Déni, Colère, dépression, marchandage, acceptation. Illustration réalisée par **Caroline Carlicci, blog** coaching GO, inspirée de la courbe de deuil d' Elisabeth Kübler Ross.

---

[7] Hannah HARENDT, La crise de la culture, huit essais de pensées politiques, paru en 1972.
[8] D'après Elisabeth Kübler Ross

Phase 1: **Le choc et le déni de la réalité**.
Nous sommes confrontés à une situation de deuil, nous refusons de la voir et nous continuons d'agir comme auparavant. Nous refusons la réalité.
Phase 2 : La réaction de colère et de révolte face au deuil.
Une fois la phase de choc ou de déni passée, généralement, nous traversons une période où nous vivons le changement produit comme un non sens, injuste .De ce fait, nous réagissons bien souvent violemment .Nous nous révoltons contre cette réalité.
Phase3 : Dépression, le retour sur soi
Cette phase est généralement la plus longue du processus de deuil. Elle est caractérisée par une grande tristesse, une détresse psychologique et morale importante, une longue période de remise en question. La compréhension que nous devons nous même changer s'effectue. Dés lors, nous sommes amenés à repenser notre vie pour continuer à avancer.

Phase 4 : Marchandage.
Nous cherchons à composer avec la nouvelle situation Nous allons tenter de négocier : comment trouver un arrangement avec le changement ? Comment en évaluer les avantages et inconvénients ? Nous cherchons à gagner du temps face à cette réalité. Cependant, nous commençons à nous projeter dans l'avenir. Nous en possédons une certaine vision.

Phase 5 : Acceptation.
Nous parvenons à accepter la nouvelle situation telle qu'elle est, issue du deuil, avec les changements que cela engendre.

La phase de dépression nous aura permis de nous régénéré, de « revenir à la vie » Nous sommes en capacité de reconnaître que le changement apporte au minimum un équilibre entre avantages et inconvénients par rapport à la situation antérieure. Ce retour progressif à la réalité nous ouvre à d'autres attachements.

Les phases, elles, ne bougent pas. Cependant sur les cinq, il arrive qu'une ne soit pas vécue, suivant la situation et la personne qui les vit. Ainsi, pour moi, la phase de Déni ne fut pas la plus importante . J'ai compris que cela n'arrivait pas qu'aux autres. J'avais fait le don attendu par le corps médical. Je n'ai pas ressenti de colère. Par contre, j'ai éprouvé une peur intense : celle de ne pas y arriver, une peur issue de la perte de mes repères et de ma force. Cette phase m'a paru très longue. Dans ma tristesse, j'avais une perception négative du monde et envahissante des gens qui m'entouraient. La solitude, cet état, nous emmure dans nos pensées, grand tourbillon d'interrogations à l'entrée peu repérable, à la sortie encore moins visible. Ce fut la phase la plus difficile, cependant la plus active et productive. Je comprenais pleinement la portée et le sens des écrits d'Hannah HARENDT[9] : **« dans la solitude, je suis "parmi moi-même", en compagnie de moi-même, et donc deux-en-un, tandis que dans la désolation, je suis en vérité un seul, abandonné de tous les autres »**.
L'acceptation est arrivée aussi soudainement que naturellement, avec cette étrange distance qui nous permet de regarder le monde autrement et d'agir différemment.

La durée de chaque phase de ce processus vers l'acceptation va se faire en fonction de notre attachement à ce que nous allons devoir changer et de notre vision des résultats issus de ce changement. Certaines phases peuvent être plus difficiles, comme celle de la tristesse car il s'agit d'affronter la réalité.

---

[9] Extrait de responsabilité et jugement, recueil de cours et de conférences donnés, publié en 2003.

Ce qui a été vérifié par Gérard Dominique Carton[10]. Il écrit : « **la durée du processus d'intégration du changement dépend de notre attachement à ce qui veut être changé, appelé valence et de notre capacité de visualiser les résultats de ce changement** ». Paradoxalement, c'est au moment où l'on s'accepte et où l'on se sent accepté que l'on est prêt à changer. J'ai vécu le deuil et le changement professionnel en même temps : les deux s'inter-pénétraient.

Dans l'étape 10 du protocole, les apprentissages, un événement important peut entraîner un changement 2 (rupture) et simultanément un apprentissage 3 selon l'échelle de KOURILSKY, c'est-à-dire un changement automatique de sa vision du monde. Il s'accompagne nécessairement d'une redéfinition de soi-même et du rôle de ceux qui étaient impliqués dans la situation. Dans ma situation, cela se traduit pas une perte « décidée » : j'ai quitté mon métier. La perte de mon travail est d'autant plus facile à accepter que le changement ayant provoqué cette perte se rapproche de nos aspirations soutenues par nos valeurs. Il est cependant important de souligner que même si le résultat issu du processus de changement est conforme à ce que nous recherchions, il n'en reste pas moins que la perte de ce que nous avions avant peut provoquer des réactions contraires, le « spleen » par exemple. J'ajouterai que le résultat est toujours différent de l'idée que l'on s'en faisait à sa conception. Cette différence, où le résultat lui-même, peut nous amener à opérer un nouveau changement.

---

[10] Gérard Dominique Carton in « Comprendre le changement »

Nous allons le découvrir ensemble dans cette seconde étape du chapitre de mes 20/30 ans.
L'approche de la trentaine nous amène à prendre plus de responsabilités, et je m'étais fixée de nouveaux objectifs :

Etapes du protocole	L'analyse des transitions de mes 20/30ans (phase 2)
Le contrat	Contrat moral entre moi et moi
L'objectif	Changer de travail : créer un bar-restaurant et faire un enfant.
La situation	J'avais un contrat saisonnier du 15 avril au 30 septembre d'animateur de sports et de loisirs La station balnéaire était en plein essor avec des locaux commerciaux disponibles.
L'état d'esprit	Confiante, en pleine forme, je voulais plus de responsabilité, j'étais prête à relever un nouveau challenge : créer un restaurant bar et avoir un enfant. J'étais en « été » (période de succès, de stabilité, réalisation d'objectifs).
La recherche d'options	Le travail saisonnier ne me satisfaisait pas, j'avais déjà expérimenté cette situation. Je ne pouvais pas espérer un contrat annuel. Les locaux étaient à saisir rapidement. J'avais retenu les aspects limitant de la structure dans laquelle j'avais évolué Mon compagnon était favorable, le banquier intéressé, je connaissais des personnes influentes qui pouvaient m'aider.

La décision	Je m'étais lancée dans la création d'un restaurant, bar avec mon compagnon
Le plan d'action	Etude de marché. Recherche de financements, montage du dossier avec la CCI Option sur le local. La mise en œuvre. Définitions des rôles et des tâches de chacun : j'avais la responsabilité du Personnel, de la création des produits, de la promotion et de la commercialisation. Mon compagnon avait la responsabilité de la gestion, des achats et de la communication Un projet de formation pour assurer une meilleure réussite à mon projet.
La mise en oeuvre	1. Réaliser et déposer le dossier complet du projet auprès des banques. Retenir le local. 2. Préparer la soutenance du dossier. 3. Obtenir les crédits. 4. Lancer le projet.
Le chemin parcouru	Nous avions créé un restaurant bar d'une capacité d'accueil de 70 places En 1984, nous développions les produits avec les cocktails et les glaces et la capacité d'accueil à 180 places. En 1986, nous avions l'enseigne de bar, cocktails, glacier, restaurant et nous accueillions 240 personnes. Je m'étais formée et avais obtenu une maîtrise de gestion en sciences et techniques en hôtellerie restauration.
Les apprentissages	Je m'étais appuyée sur ma spécialisation en gestion et organisation des structures de loisirs, sur mes compétences et savoir-faire en créations d'activités de sports et de loisirs, sur mon aisance relationnelle et sur mon expérience des différents partenariats et réseaux. J'étais allée chercher quelques « ficelles » du métier auprès de professionnels J'avais appris à partager les responsabilités et à faire face aux exigences et contraintes inhérentes à un chef d'entreprise. Dû désapprendre les réflexes et le confort économique du salarié. Pris le gout du risque et pu élargir ma vision de l'entreprise.

Quelques réflexions sur ce passage et ce nouveau chapitre dans cette décennie des 20/30 ans

Dans chacun de nos chapitres de vie, nous préparons le suivant. Comme le dit si justement Hannah ARENDT[11] : « le fait d'être libre et la capacité de commencer quelque chose de neuf coïncident…Ce n'est que là où le je veux et le je peux coïncident que la liberté a lieu. » Nous capitalisons sur nos expériences pour nous projeter dans les actions à venir. Nous sommes en perpétuel apprentissage, que ce soit dans le fait de désapprendre ou d'apprendre Notre libre arbitre (choix, renoncements) comme l'influence de l'environnement nous y amène ou ramène. Nous pouvons constater que l'apprentissage est omniprésent dans toutes les transitions de la vie professionnelle comme personnelle.

L'accroissement régulier des niveaux de formation générale, de la disponibilité des moyens d'accès à la culture, les enjeux découlant de la rapidité des évolutions technologiques, la pression de la compétition économique expliquent ce besoin de se former pour être toujours«employable» et fiable. Cette dynamique génère un gain, celui de renforcer notre confiance en nous, un moteur d'énergie pour continuer à inventer sa vie.
Plus nous changeons, plus nous créons un besoin nouveau de changement. Les changements réussis ne sont que des étapes. C'est un processus continu. Ainsi se forge notre élasticité, notre agilité pour entreprendre, créer. Le plaisir de «muter» domine, avec ses sensations de se rencontrer autrement. Nous sommes les «nomades» du «dedans» des temps modernes, curieux de ces rencontres inattendues de soi à soi. Un voyage intérieur qui nous révèle à nous-mêmes et nous amène plus loin. Pour reprendre une citation de Christian BOBIN[12]: «**Dans les choses que nous voulons il y a toujours plus que les choses elles-mêmes**».

Alors pourquoi ne pas continuer encore et encore !

---

[11] extrait de Responsabilité et jugement, recueil de cours et de conférences publié en 2003
[12] La plus que vive, coll. L'un et l'autre chez Gallimard p. 71

Mon travail de coach dans l'accompagnement d'une personne durant le chapitre de vie de ses 20/30 ans

Etapes du protocole	L'analyse des transitions du coaché dans sa période des 20/30 ans
Contrat de Coaching	La pièce maîtresse entre le coach et le coaché, il stipule entre autre, l'engagement de la personne à réaliser son objectif et la responsabilité du coach à l'accompagner à atteindre cet objectif. Nous ne reviendrons plus sur la création du lien entre moi et la personne que je coache dans un climat de confiance et de bienveillance car nous l'avons développé au chapitre de vie de mes 20 ans.
L'objectif	Quelle que soit la tranche d'âge c'est l'étape la plus importante, un objectif mal clarifié ne nous permet pas de passer à la recherche d'options, nous retournons à l'objectif. La trentaine se révèle être pour la plupart des personnes une des plus importantes transitions de vie, elle nous amène à poser un regard critique sur le « déjà fait ». C'est le moment d'assumer plus de responsabilités dans la société et s'engager à fonder une famille, d'exercer une profession.
La situation présente	Il est important de savoir si la personne est entrée en transition par elle-même ou si elle l'a subie. Dans le dernier cas, la personne dominée par la situation pense qu'elle ne peut rien changer. J'opte pour une investigation sur les émotions, puis sur les croyances atour de « je ne peux rien changer ». Nous poursuivons l'exploration de la situation actuelle avec l'hexamètre de Quintilien par le jeu du questionnement, de l'écoute, de la reformulation, pour identifier la problématique, la situation souhaitée, repérer les nouveaux besoins, le point de départ.
L'état d'esprit	L'approche des 30 ans semble favoriser la remise en cause. Le coaché subit la situation actuelle. Il est important de repérer la saison dans laquelle il se trouve (l'automne).
La recherche d'option	J'invite la personne à parler, de son expérience, de ses succès. Je la valorise. Elle travaille sur ses talents et ressources, ses priorités de vie. Elle exprime ses rêves, parle des personnes qui la stimulent, de celles qui la font rêver. J'encourage la créativité pour déclencher sa vision du futur et tous les possibles pouvant la conduire aux trois niveaux d'action (les niveaux logiques de DILTS). Elle est ainsi en capacité de prendre sa décision.
La décision	Même démarche, avec la mesure de l'engagement du coaché Nouvelle saison (le printemps).

Le plan d'action	Utilisation du protocole : cf annexe 2 Le coaché parle de ses gains à venir avec les dispositifs mis en place.
La mise en œuvre	1. Même accompagnement, écoute, cadrage par rapport au plan d'action 2. il a clairement identifié les taches à accomplir, les a planifié et sait les évaluer.
Le chemin parcouru	La réalisation et la réussite professionnelle. la construction d'une famille, l'harmonie. Un sentiment de fierté. Une confiance en lui renforcée.
Les apprentissages	Il a dépassé les rôles et les missions antérieures. Acquis de nouveaux apprentissages avec ses valeurs et ses talents. Développé ses capacités d'adaptation. Il réussit dans ses nouvelles missions. Participe à l'éducation de l'enfant.

Observations du coach pour accompagner ces transitions professionnelles dans la décennie des 20/30 ans

Faire découvrir à une personne sa nouvelle saison lui permet de se repérer dans sa phase de changement. Le travail sur les émotions, les croyances offrent au coaché de nouvelles perspectives, une autre façon de percevoir la réalité d'une situation. Le coaché peut alors se réajuster et avancer vers l'objectif. Nous l'accompagnons dans son plan d'action au regard de ses priorités de vie (les 5 domaines de vie[13]) et de ses valeurs. Le travail sur les talents que nous proposons au coaché sur cette décennie renforce son pouvoir d'action, il en demeure surpris. Les apprentissages s'effectuent d'autant plus facilement que la personne se situe dans le printemps. La capitalisation des apprentissages s'opère le plus souvent en été.

Sur la deuxième transition, nous nous situons sur un coaching de l'action : c'est l'enjeu important de la trentaine : « y arriver » :

La réalisation !

---

[13] Les niveaux logiques de Dilts

Nous soutenons les objectifs visés : le choix de la nouvelle direction et sa mise en place.

La trentaine s'inscrit comme la période des choix à moyen terme, notamment en réorientation professionnelle. Chaque période est faite de gains et de pertes. Cet équilibre invite le coaché à s'engager avec ténacité sur ses objectifs : il veut réussir.

A la trentaine, le coaché a besoin de revisiter ses capacités pour assumer ce « plus » de responsabilité, de réapprendre à s'organiser, de conjuguer travail et famille, d'apprendre pour accroître ses compétences. Les niveaux de DILTS : compétences, comportements, environnement, sont concernés. Nous les utilisons.

L'écoute, la valorisation, le recadrage sont les atouts maîtres pour garantir l'atteinte de l'objectif.

Le coaché, en travaillant sur ses talents, va pouvoir renforcer sa capacité à « prendre des risques ». Dans le plan d'action, nous accompagnons sur l'équilibre des différents domaines de vie : sur l'engagement dans une organisation professionnelle, sur le développement de réseau mais également sur les espaces de vie personnelle.

30 ans, la décennie des grandes décisions, porte vers l'autonomie financière, la capacité à accéder à un statut social avec son pouvoir d'achat. Certains envisagent le mariage ou le PACS. L'heure du premier enfant, et ou du premier achat immobilier s'inscrit dans les priorités des trentenaires.

Le mot clé est « réaliser » : les trentenaires se mettent la pression pour y arriver !
A l'approche des 30 ans, plein d'énergie, ils veulent réaliser beaucoup de choses. Cette pression les incite à des prises de décisions rapides. Ils décrètent que le temps leur est compté. Ces décisions portent sur l'évolution professionnelle, le choix de vie, l'achat ou non d'une maison, le projet d'un enfant, l'appartenance à un mouvement social, l'investissement dans un réseau… Cette décennie peut conduire à une transition peu facile. Le plus de responsabilités, le futur statut de parent, les engagements financiers, sociaux les entrainent vers de nouveaux compromis, voire des frustrations. Choisir, c'est aussi renoncer à quelque chose.

Pour certains, cette transition demeure simple où ils approfondissent leurs engagements et s'en donnent les moyens. Pour d'autres, la transition recouvre plus de complexité car les orientations changent, les choix pris lors de la transition précédente ne collent plus, de nouveaux engagements interviennent avec les moyens associés. HUDSON a crée un modèle sur les cycles du changement et d'évolution (les chapitres de vie) qui reflète concrètement ces transitions simples (mini transitions ou perfectionnement du chapitre) ou plus complexes vers un renouveau.

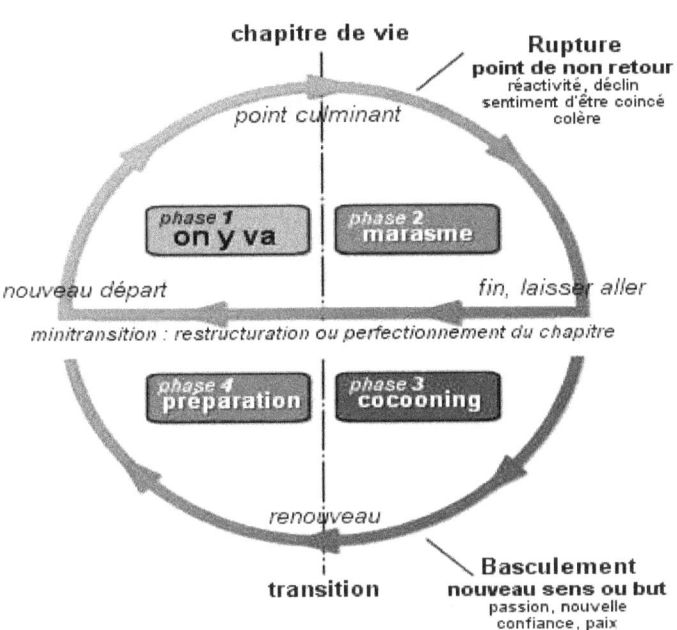

C'est ainsi que nous accompagnons vers un changement de métier, une création d'entreprise, une mutation professionnelle et ou personnelle. Les rêves se transforment en objectifs plus réalistes, dans cette décennie, véritable invitation à s'en créer d'autres pour accomplir notre prochain chapitre de vie.

Chapitre 3

Transition professionnelle dans le chapitre de mes 30 à 40 ans (2 étapes)

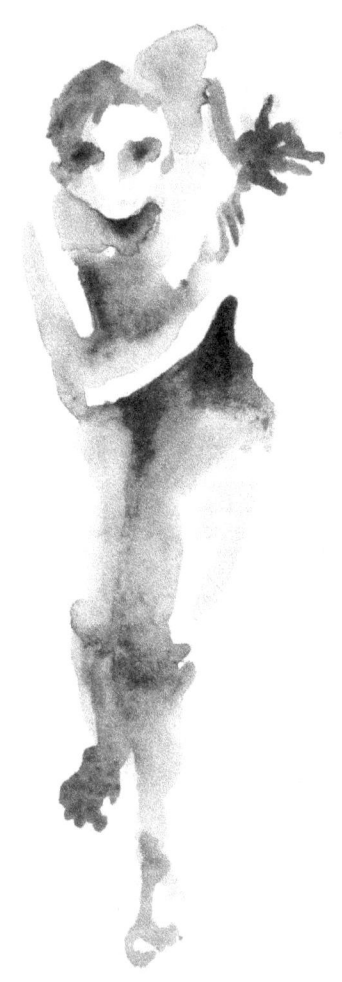

© Emma LECOURT

Phase d'introspection : les transitions de mes 30/40 ans.

Etapes du protocole	L'analyse de mes transitions dans la période des mes 30 à 40 ans (phase 1)
Le contrat	Contrat moral entre moi et moi.
L'objectif	Reprendre ma liberté, me reprendre en mains.
La situation présente	Le bar –restaurant avait atteint son développement maximum après 8 ans. L'activité demandait une disponibilité totale, une énergie énorme. Elle ne laissait que peu de place à la vie de famille, et pour soi-même. Le couple se délitait, la confiance et la complicité ne circulaient plus. Je dépendais financièrement des revenus du bar-restaurant. Mon fils était perturbé par cette situation pesante. Je ne me sentais plus à ma place, prisonnière, seule, épuisée par le travail. Un malaise profond m'enserrait un peu plus chaque jour.
L'état d'esprit	Tout ça pour en arriver là ! l'excitation du développement de l'établissement, de créer de nouveaux produits, de les promouvoir avait laissé la place aux désordres intérieurs, parfois au dégoût, une impression forte d'un cauchemar sans fin, de stagner, d'être dans une impasse. J'étais passée de l'été à l'automne.
La recherche d'options	La responsabilité de mon fils engendrait réflexions, et discernement. Envisager une séparation me paraissait salutaire pour nous tous, mais comment, quand, partir où ?financièrement était ce possible ? Que d'aller /retour jour et nuit sur ces interrogations. J'évaluais le plus lucidement possible les chances d'atteindre mon objectif en dressant un inventaire des obstacles, en réfléchissant sur un plan B. Comment aborder la situation quand l'un et l'autre accumulaient des non- dits, n'en étaient en pas au même stade. La rentrée scolaire m'avait permis de me retrouver loin de l'établissement, dans notre résidence principale, seule avec mon fils. L'ambiance était détendue, mon fils plus apaisé. La spontanéité avait repris ses droits sur le stress. J'envisageais tous les scénarios possibles : tout laisser et partir avec mon fils avec les risques financiers que j'encourais liés à l'exploitation du bar restaurant, opter pour la séparation et continuer à travailler dans l'entreprise, proposer de réfléchir chacun de notre côté pour prendre la meilleure décision. J'avais une certitude : je me faisais confiance pour rebondir. Préserver mon fils au maximum restait ma priorité. La CCI de Bordeaux avec laquelle je collaborais pour des témoignages et participations à des jurys m'avait proposé d'intervenir sur un module de création d'entreprise et communication sur un semestre. Le déclic se fit : je décidais de ne pas revenir travailler au bar –restaurant.

La décision	Préparer mon départ de l'entreprise et annoncer le besoin d'une séparation pour réfléchir. Ce que j'avais obtenu après maintes discussions. J'étais au printemps.
Le plan d'action	Organiser mon indépendance financière : démarches à faire. Consulter un avocat des affaires. Informer les familles respectives. Prévoir un déménagement dans quelques mois. Activer mon réseau professionnel.
La mise en œuvre	Prendre et préparer le RV avec l'agence nationale pour l'emploi. Constituer le dossier « bar –restaurant » pour l'avocat des affaires. Se déplacer dans la famille pour en parler. Contacter les partenaires institutionnels de bar-restaurant, syndicat d'initiative, associations des chefs d'entreprise, la maison des vins. Repérer les prix d'appartement plus petit, à prix plus abordables, vu la situation.
Le chemin parcouru	Le fait d'avoir capitalisé sur mes transitions précédentes avait renforcé ma capacité à transiter, à me transformer. La volonté de reprendre ma liberté m'avait permis de rebondir sur un nouveau métier, celui de responsable de secteur formation à la CCI. J'avais fondé une nouvelle famille et donné naissance à ma fille, dans la joie et le bonheur de nous tous. J'avais développé ma capacité d'adaptation, d'agilité envers les événements. J'avais renforcé la confiance en moi-même. Je vivais pleinement ce sentiment d'équilibre personnel et professionnel.
Les apprentissages	J'avais appris à prendre du recul face à une situation éprouvante. J'avais pu activer mes ressources, notamment la confiance en moi, déclic de la capacité de décision. J'avais pu mesurer l'importance des relations professionnelles que j'avais entretenues et les liens de reconnaissance engendrés. J'avais pu désapprendre un métier pour en apprendre un autre. Ouvrir d'autres fenêtres sur le monde. J'avais encore plus saisi à quel point la valeur liberté était pour moi vitale.

Réflexions sur le changement dans cette transition professionnelle (phase 1 des 30/40 ans)

Chaque projet professionnel et ou personnel se réalise étape par étape, selon un cycle. Nous passons du rêve à la conception, puis à l'action, l'expérimentation, le développement, jusqu' au trop plein, à la stagnation, pour aboutir au renoncement et s'engager vers une autre aventure. Nous nous construisons dans l'action, les apprentissages par cycles successifs qu'incarnent si explicitement les saisons d'HUDSON. Prendre conscience de la saison que nous traversons facilite l'accès au changement, en ce sens que ce sont des cycles naturels donc acceptables et acceptés par chacun de nous. Dans cette transition, l'été, avait eu "raison de moi", je m'étais dépassée, donnée à fond en voulant mener tout de front : l'entreprise, la famille, le couple, le quotidien. Cela s'est soldé par une 'sur chauffe", et un besoin éminent de me recentrer sur moi, et précisément de reconsidérer mes besoins essentiels.J'aurais pu me retrouver en hiver si je n'avais pas vécu la transition précédente avec l'expérience du deuil et son cycle.J'avais donc expérimenté la résistance comme valeur refuge. J'avais gardé en mémoire le passage successif des deux phases de la courbe de deuil d'Elisabeth KÛBLER: la descente au plus profond de soi et des choses (la dépression), puis la remontée (l'acceptation) où nous reprenons le dessus .Je revoyais le cadeau offert par cette transformation, par ce changement. A ce moment là, j'avais pu y puiser les ressources nécessaires pour rebondir et préparer mon autre chapitre de vie. Cette expérience issue de ma transition précédente m'avait permis de garder confiance en moi et de passer ainsi en autonome .Ce cycle de saison était incontournable pour reconsidérer ma valeur vitale, moteur de ma vie : la liberté .J'avais pris une nouvelle voie professionnelle en créant l'établissement. Son pilotage avait régné en maître sur ma vie, grisée par l'esprit d'entreprise, la prise de risques, un nouveau défi. Tout le reste n'avait eu guère de place pour exister et assurer l'équilibre qui apporte la cohérence entre ce que nous faisons et ce que nous sommes. Les domaines de vie d' HUDSON répondent exactement à ces repérages imparables qui nous incitent à reconsidérer nos besoins essentiels pour être en alignement avec nous même. En l'occurrence pour moi, il s'agissait de réinvestir ma valeur liberté. C'est elle qui me donne envie de me mettre en action tous les matins.J'avais retenu l'été comme une saison à risques me concernant, une prise de conscience qui me servirait de marqueur pour demain.

Les trois plus belles choses que m'ont apportées cette transition de vie, étaient et sont : mon homme, mes deux enfants, mon nouveau métier. Je ressentais, ma tête, mon cœur et mon corps en fête, j'étais libre.

Nous allons le découvrir ensemble dans cette seconde étape du chapitre de mes 30/40 ans.
L'approche de la quarantaine nous amène à booster notre avenir professionnel, à prendre plus de responsabilités Je m'étais fixée de nouveaux objectifs.

Etapes du protocole	L'analyse de mes transitions dans la période des mes 30 à 40 ans (phase 2)
Le contrat	Contrat moral entre moi et moi
L'objectif	Postuler sur l'avis de vacances d'emploi de responsable des Relations Entreprises et Ingénierie pédagogique
La situation actuelle	L'entrée de mes 40 ans avait marqué le début d'un processus de changement quasi permanent. J'avais été amenée à occuper successivement : • le poste de responsable de secteur, avec le management de 11 personnes. • le poste de responsable du développement commercial 'Formation Continue Entreprises' où j'animais une équipe de 21 personnes. • .Les derniers mois avaient été lourds à porter pour l'équipe et moi même : suspicion de choses cachées, peurs, craintes, sentiment d'être un yoyo, un coup en haut un coup en bas. En effet, la direction générale avait pris la décision de supprimer notre Département Formation Continue. Le Directeur Général et le Directeur de notre entité étaient venus l'annoncer à l'ensemble du personnel en précisant que nous nous restructurions. Nous ne gardions, désormais, que les activités s'inscrivant dans le cœur de métier de notre établissement et répondant aux besoins essentiels de nos clients. Les 50 personnes étaient invitées à postuler sur différentes offres internes.
L'état d'esprit	Nous étions abasourdis par l'annonce. Nous éprouvions tous un grand malaise. La peur succédait à l'incompréhension, la démotivation nous avait gagné d'une manière permanente. L'autonome m'enveloppait, d'autres faisaient face à l'hiver.
La recherche d'options	Je subissais cette décision, j'avais proposé d'autres alternatives (refus). J'avais envie de partir. Je ne pouvais pas envisager mon repositionnement dans la structure. Je pesais le pour et le contre, je faisais l'inventaire de ce qui me portait et de ce qui m'alourdissait.

	Je m'interrogeais sur l'intérêt à poursuivre dans l'encadrement d'équipe et assumer un rôle de hiérarchique, de leader. Commercial. Je reconnaissais avoir apprécié les travaux et les rôles occupés lors de conduites de projet : apporter son expertise, imaginer ensemble, concevoir, tester, organiser des échanges avec les professionnels, créer des partenariats avec les entreprises. J'avais aimé le partage, le transfert de savoir-faire. Je m'éloignais de l'opérationnel mais j'avais du mal à quitter le monde du « terrain », ce rôle de leader dans lequel j'étais reconnue, ré-employable, et monnayable immédiatement. J'avais des propositions de management d'équipe commerciale que je n'avais pas relevées. Je ne désirais plus travailler dans les domaines commerciaux et de formation continue. Je surveillais les offres internes, sur les postes de chef de projet.
La décision	Je postulais sur l'offre de Responsable des Relations Entreprises et de l'Ingénierie Pédagogique au sein d'un groupe d'enseignements professionnels Le printemps vibrait en moi. Mon optimisme était communicatif.
Le plan d'action	• Actualiser son curriculum vitae. • Rédiger sa lettre de motivation. • Découvrir le contenu du poste. • Négocier le salaire.
La mise en œuvre	1. Envoyer le CV et la lettre de motivation à la Direction des Ressources humaines. 2. Préparer l'entretien : mettre l'accent sur mes compétences de coordonnateur, de concepteur, mon réseau d'entreprises de la circonscription. 3. Me renseigner sur le Groupe d'enseignements professionnels. 4. M'approprier le poste. 5. Dans l'entretien, me faire préciser les orientations, l'environnement, présenter les actions envisagées, les moyens nécessaires, la marche de manœuvre. 6. Négocier l'appréciation des résultats et le salaire.
Le chemin parcouru	L'écoute, l'accompagnement des entreprises, des étudiants dans leur projet m'ont amenés à aller vers un nouveau métier - Coach - et à entreprendre la formation conduisant à la certification. Ce nouveau projet venait satisfaire une envie de me réaliser au delà du professionnel, pour m'ouvrir à d'autres facettes de moi même.
Les apprentissages	• Accepter la nouvelle situation. • Désapprendre la mise en avant des compétences commerciales et managériales pour lesquelles j'étais reconnue.

	- Apprendre à m'appuyer sur d'autres compétences : créativité, partage d'expériences, transfert de savoir-faire. - Apprendre à circuler dans un autre contexte, d'autres règles, d'autres enjeux. - Aborder les entreprises différemment, en partenariat : en tant que personne-ressource. - Découvrir une autre organisation, d'autres collègues, une nouvelle approche de la culture en interne et un nouveau positionnement en externe. - Me découvrir sous d'autres angles et ouvrir ma relation aux autres.

Réflexions sur le changement dans cette transition professionnelle des 30/40 ans

Le travail a un sens. Il doit permettre à chacun au-delà de subvenir à ses besoins, d'exprimer son potentiel, sa personnalité, de mettre à l'épreuve ses capacités, de s'accomplir, d'échanger avec les autres. Lorsque nous sommes privés de notre travail, en quoi sommes-nous utiles pour nous-mêmes ? Pour la communauté ?

Le sens du travail en entreprise n'est-il pas d'accéder à une véritable autonomie, de préserver son intériorité et de trouver un meilleur équilibre entre ce que nous sommes et ce que nous faisons ?

Dans la recherche d'options, j'ai compris que faire la même chose ailleurs n'avait plus de sens. Ces deux postes successifs m'ont donné l'occasion d'atteindre mon but : diriger l'équipe commerciale en conduisant chaque conseiller au dépassement des objectifs validés ensemble. J'avais réussi mon challenge. Faire plus de la même chose, dans un contexte connu (changement 1) ne me convenait plus Il n'en demeurait pas moins que j'ai eu des difficultés à faire le deuil de ce pourquoi j'étais reconnue et appréciée. J'avais maintes fois éprouvé ce que nous nommons le spleen. Ce sentiment m'était familier, sorte de résurgence, déjà vécu dans le cadre d'une perte « décidée » (période des 20/30 ans). Nous avons besoin de retrouver du sens pour entreprendre, et muter. En s'appuyant sur l'échelle des niveaux logiques de DILTS, nous voyons qu'en réintroduisant de la cohérence, donc du sens, nous agissons simultanément sur les niveaux du comportement, des capacités et de l'environnement. Ce réajustement par rapport à nos valeurs et croyances nous permet de voir les choses différemment et d'être perçus autrement par les autres Il s'agit d'un changement 2 : j'avais fait le deuil des personnages et rôles qui ne me nourrissaient plus et établis de nouvelles règles de fonctionnement.

Pour redonner du sens à notre parcours professionnel, nous pouvons également nous appuyer sur les 4 visages de l'identité professionnelle utilisés par François DELIVRE :

1. **L'identité interne** : la conscience de notre propre personne, notre personnalité.
2. **Les compétences professionnelles** : s'acquièrent par l'apprentissage, l'expérience et la formation permanente.
3. **Le statut** : la carte de visite, la mention profession.
4. **La reconnaissance** vient de trois catégories de personnes : la hiérarchie, les collaborateurs, les collègues ou les pairs.

Celui qui dispose d'une cohérence entre ces quatre composantes est professionnellement heureux. Celui qui change de métier, de mission doit s'ajuster pour parvenir à un bien-être professionnel :
- Avoir envie de faire son métier ou sa mission.
- Savoir à quoi sert son travail.
- Acquérir des compétences nécessaires à sa mission.
- Obtenir un statut satisfaisant.
- Etre reconnu.

Dans cette transition professionnelle, j'avais réalisé que je n'avais plus envie de faire ce métier, mon statut ne me convenait plus. Je gérais, régulièrement, un décalage entre ce qu'il me semblait nécessaire de faire en tant que manager et ce que la situation me contraignait à faire J'avais conscience que mes compétences professionnelles et la reconnaissance que je recevais de mon entourage ne me portaient plus .Nous savons faire mais nous ne voulons plus faire. Nous ne pouvons motiver une équipe si nous ne sommes pas nous nous mêmes motivés. Ainsi, la décision de changer de métier fut prise.

Dès l'instant où nous acceptons la transition, nous devenons un « gagnant » au sens de François DELIVRE : **« un gagnant sait ce qu'il fera s'il perd, mais n'en parle pas. Un perdant parle de ce qu'il fera s'il gagne, mais ne sait pas ce qu'il fera s'il perd. »** Nous retiendrons l'optimisme omniprésent dès lors que la décision a été prise. L'optimisme nous autorise à imaginer une tournure positive, dès lors, nous agissons dans ce sens. Bien entendu, nous avons souvent tendance à lui préférer un réalisme emprunt de réflexions, d'objectivité. Prenons, dans cette décennie, le repositionnement professionnel. Est-ce bien raisonnable de l'envisager vu les engagements financiers, les responsabilités actuelles, un paysage économique peu rassurant ? Ce réalisme prudent est imprégné de pessimisme, de préjugés limitants qui favorisent le découragement, « l'à quoi bon » et produit l'inertie et la perte d'opportunités. A ce moment-là, le modèle des situations délicates[14] est une réponse efficace pour faire basculer les doutes et représentations limitantes, en opportunités et actions.

De la même façon, je demeure convaincue que l'optimisme « éveillé », actif, libère de l'anxiété, des doutes face à l'incertitude de l'avenir et encourage l'action. Cet optimisme dans mes transitions de vie précédentes et actuelles me booste à aller de l'avant dans ma vie avec moins d'inquiétudes et de freins. J'ai pu dépasser le fait de ressasser les événements passés, prendre

---

[14] Outil validé et communiqué par le Centre International de coaching, figurant en annexe de ce document.

du recul et en tirer des enseignements pour cheminer plus loin. Cet optimisme devient le moteur de ma valeur « liberté ».

Mon travail de coach dans l'accompagnement d'une personne durant le chapitre de vie de ses 30/40 ans

Etapes du protocole	L'analyse des transitions du coaché dans sa période des 30 /40 ans
Le contrat	La pièce maîtresse entre le coach et le coaché, il stipule entre autre, l'engagement de la personne à réaliser son objectif et la responsabilité du coach à l'accompagner à atteindre cet objectif. Nous ne reviendrons plus sur la création du lien entre moi et la personne que je coache dans un climat de confiance et de bienveillance car nous l'avons développé au chapitre de vie de mes 20 ans.
L'objectif	Dans cette transition professionnelle, j'aide le coaché à clarifier son objectif, son désir de prendre plus de responsabilités en accord avec lui même : relever un nouveau défi, celui de manager une équipe.
La situation présente	Le coaché vivait un processus de changement continu à travers des postes évolutifs. Nous explorons la situation en prenant en compte les 4 visages de l'identité, et déroulons l'hexamètre de Quintilien, ensemble. Il exprime sa peur de ne pas pouvoir y arriver, d'autant que dans sa future équipe, certains cadres sont plus âgés que lui, avec plus d'expérience. Il désire apporter une vie meilleure à sa famille en partant de leur appartement vers une maison. Il justifie ainsi sa marche en avant professionnelle.
L'état d'esprit	Il se révèle nerveux, hésitant. Il est proposé par son supérieur hiérarchique à ce poste d'encadrement, et ne veut pas le décevoir. Il compte sur cette promotion pour l'acquisition de sa maison. Il repère sa saison, puis ce qui est le plus important pour lui dans ses domaines de vie et renforce son objectif.
La recherche d'options	Nous explorons la situation souhaitée. Nous ouvrons sur plusieurs possibilités, et utilisons la résistance au changement comme une opportunité, avec l'exercice « ce que je prends – ce que je laisse ». Selon la situation, nous utilisons le modèle pour sortir de situations délicates.(annexe 1)

	Nous l'avons utilisé pour sortir du dilemme : Si je prends ce poste, je vais perdre du temps libre pour ma famille, mais nous aurons la maison pour les enfants, un grand espace de vie. Je vais devoir m'investir à fond, y passer des soirées, faire moins de sport sans pour autant être sûr du résultat. En suis je capable, j'ai peur. Nous travaillons sur ses croyances. Le coaché trouve de nouvelles ressources pour donner du sens à son parcours et projet professionnels : l'appui de son épouse, celui de son supérieur hiérarchique, l'accompagnement en cours. Dans cette évolution, j'écoute, je reformule, je donne du feed-back. J'observe des silences. Il revisite ses valeurs et s'appuie sur ses talents pour ses nouveaux apprentissages. Je le soutiens dans ses pertes. Je valorise les gains. Il examine ses priorités de vie. Il prend conscience du chemin à parcourir. Il est en mesure de prendre sa décision.
La décision	Il remarque le changement de saison qu'apporte en lui sa prise de décision. Il auto évalue son engagement sur une échelle de 1 à 10. Sa gestuelle, son regard dévoilent une volonté d'y parvenir, le retour de la confiance en lui.
Le plan d'actions	Je l'invite à l'écrire et à le commenter. Il envisage les parasites, les freins et propose des solutions.
La mise en œuvre	Je le soutiens à évoluer dans sa prise de poste. J'utilise les niveaux logiques d'action. Il effectue et évalue les taches programmées. Célèbre ses réussites, en famille, au bureau, avec son coach. Eprouve une certaine fierté grâce ses victoires successives.
Le chemin parcouru	Il a vaincu ses croyances. s'est appuyé sur ses valeurs pour s'affirmer. sur son milieu familial pour rendre son projet réalisable (l'écologie du projet personnel et professionnel). A atteint son objectif et réussi ses missions. Acquis la maison.
Les apprentissages	Il a capitalisé sur ses expériences passées. Développé ses compétences. Intensifié son réseau. Adapté son comportement à de nouvelles règles. Acquis la capacité de s'écouter et celle d'être écouté. Su concilier son travail et sa famille.

Observations du coach pour accompagner ces transitions dans cette décennie

Dans le coaching de l'action, le cadre apporté par les niveaux logiques liés aux actions nous permet d'avoir une lecture objective du chemin à faire pour gagner ensemble.

Pour accompagner le coaché efficacement dans son évolution, les valeurs, saisons et domaines de vie d'Hudson nous sont à nouveau précieux. L'évocation de ces transitions professionnelles nous permet de récapituler les principes à respecter lors d'un accompagnement en période de changement.

Tout changement n'est pas immédiatement intégrable. Pour être assimilé, il s'appuie et vient modifier le système des valeurs, des croyances et des émotions. L'intensité vécue d'un changement est fonction de l'attachement à ce qui change pour celui qui le vit.
La résistance au changement est un facteur de progrès et une opportunité d'améliorer le changement. Nous avons pu constater que tout changement s'accompagne d'un sentiment de perte et de gains, qui cependant motive à poursuivre vers la réussite. L'intégration d'un changement est indissociable d'une évolution de l'échelle des valeurs et du cadre de référence. Nous remarquons que les personnes s'opposent toujours aux changements qui leurs sont imposés. Les changements réussis ne sont que des étapes : c'est un processus continu.

Sur la décennie des 30/40 ans, nous soutenons le coaché sur le bilan des années accomplies et l'aidons à avoir une vision sur les années à venir.
Les vraies questions sont posées :
- Suis-je sur le bon chemin ?
- Ai-je fait les bons choix ?
- Ai-je de bonnes raisons de continuer ?
- Dois-je changer de poste maintenant ou jamais ?
- En suis je capable ?

Les certitudes d'hier s'ébranlent et les doutent s'installent alors que, en apparence, tout semble fluide, dans la continuité des choix précédents.
Il s'agit de les soutenir dans de nouveaux projets en les accompagnant à dépasser leurs peurs, à remettre les pièces professionnelles et personnelles du puzzle de leur vie à leur place. Cela après avoir vérifié avec eux, l'écologie de leur projet. En effet, nous constatons que chaque changement voulu ou imposé impacte aussi bien la sphère professionnelle que personnelle. Pour réussir l'objectif, il est incontournable de prendre en compte toutes les personnes impliquées directement ou indirectement par le projet.

Nous allons, maintenant, zoomer sur nos attitudes gagnantes pour le coaché :

- Utiliser une sémantique positive, désapprendre la sémantique négative.
- Questionner, accueillir, reformuler afin que le coaché s'écoute.
- Pratiquer le recadrage : cela permet de faire apparaître la réalité au coaché sous un autre jour et de sortir des alternatives par des angles différents.
- Comprendre ce qui génère les résistances chez le coaché. Nous savons que chaque personne réagit en fonction de son cadre de référence (expériences, croyances) pour lui permettre d'en prendre conscience et de décider de l'action.
- Communiquer en renforcement positif, désapprendre le renforcement négatif, et permettre au coaché de développer sa confiance en lui, sa satisfaction personnelle, sa créativité et sa progression dans le processus de changement
- Reconnaître les réflexes de communication du coaché pour favoriser l'échange, comme :accord/désaccord, curiosité/préjugé, similitude/différence, global/spécifique.
- Ecouter, respirer au rythme du coaché, ressentir les non-dits.
- Créer des silences pour que le coaché puisse s'entendre, s'écouter et prendre conscience.
- Faciliter, aider à l'émergence des mots pour se dire.
- Booster la créativité, le coaché réinvente sa vie au fil des transitions.
- Libérer le rire.
- Observer et laisser faire le coaché, il possède sa solution.
- Impulser le lâcher pris pour faire de la place à d'autres sensations.
- Valoriser les déclics et célébrer les victoires.

Le travail essentiel du coach est d'amener le coaché à prendre conscience de ce qui se joue, en lui dans une situation présente pour aller vers une situation souhaitée par le biais du questionnement, des attitudes bienveillantes, de la synchronisation, de l'écoute, du rire, autrement dit d'espaces de liberté pour se dire, être entendu et compris. Aider à développer la conscience des choses permet au coaché de progresser vers un changement. Il porte alors toute son attention sur ce qu'il fait ; comment il le fait et comment il pourrait agir autrement. Il s'agit de mettre à sa disposition tous les moyens afin qu'il ait la possibilité d'inventer des alternatives, opérer des choix, décider dans un climat de confiance et de motivation.

Chapitre 4

Transition professionnelle dans le chapitre de mes 40 à 50 ans

© Emma LECOURT

Phase d'introspection : les transitions de mes 40/50 ans.

Etapes du protocole	L'analyse de mes transitions dans le chapitre de vie de mes 40/50 ans
Le contrat	Contrat moral de moi à moi.
L'objectif	Poursuivre mon activité de coach au sein du groupe d'enseignement professionnel.
La situation actuelle	La vision de mes 50 ans : travail, partage, bien être, fut consacrée par la réussite à la certification au métier de coach et le plaisir de l'exercer. Un changement de direction avait eu lieu dans le groupe entrainant une restructuration générale. Chacun y avait une place désignée, avec peu ou pas de concertation. J'avais été réaffectée sur le poste de responsable de la filière comptabilité/gestion/finance avec un objectif de développement à court terme. Globalement, notre situation économique et financière était sensible. J'avais du ne pas poursuivre mes activités de coaching en interne et auprès des entreprises. Une mission d'ingénierie pédagogique en formation continue m'était également confiée. J'étais amenée à découvrir une nouvelle filière et équipe, un monde professionnel inconnu, une nouvelle population d'étudiants/apprentis.
L'état d'esprit	Bousculée par la surprise totale, l'incompréhension de la situation : la colère s'était emparée de moi. La réalité dépassait la fiction.
La recherche d'options	Je n'allais pas subir cette situation déjà vécue lors de mes transitions précédentes. J'avais une certitude : je ne renoncerai pas à l'activité de coaching. J'étudiais avec empressement, l'hypothèse de partir du groupe, ses conséquences, ses gains. Je ne concevais absolument pas d'y rester. Je m'interrogeais sur mon mode de réflexions : partir/rester, sens/non-sens, plaisir/déplaisir, légèreté/lourdeur. Je me sentais contrainte, frustrée, révoltée. Ces états me ramenaient au besoin de ressentir du positif, de renouer avec l'envie, le plaisir. Mon vécu de coach s'imposait dans toutes mes réflexions, générateur d'énergie interne, communicative à l'autre, aux autres. Mes expériences d'accompagnement avec des jeunes de 20 ans trônaient dans ma tête, sensation de bien être. Là, avait surgi l'envie d'aller travailler avec des jeunes en quête de réussite professionnelle et personnelle, de challenger le corps professoral en ce sens. Je m'étais projetée dans cet accompagnement. Il m'apportait curiosité, énergie positive,

	apaisement. L'image du responsable de filière, garant d'un référentiel, gestionnaire d'une activité comptable avait cédé la place au responsable de filière, porteur de la réussite collective et individuelle.
La décision	Je prenais donc la filière comptabilité /gestion /finance avec un engagement fort intérieurement, celui d'accompagner les étudiants /apprentis vers la réussite à travers la quête d'une meilleure connaissance d'eux-mêmes.
Le plan d'action	J'engageais la passation avec mes collègues. Je planifiais une analyse de l'existant. J'étudiais l'organisation en place, les services en inter face. Je préparais la communication interne et externe sur la prise de poste.
La mise en œuvre	1. S'approprier le référentiel. 2. Découvrir l'équipe pédagogique. 3. Co construire ensemble nos règles de fonctionnement. 4. Constituer un comité de pilotage « employeurs ». 5. Créer un parcours personnalisé d'accompagnement. d'étudiants /apprentis. 6. Recruter les étudiants /apprentis. 7. Les accueillir, les intégrer au sein du groupe. 8. Créer une dynamique collective, un lien inter sections, des valeurs partagées. 9. Des rencontres extra universitaires.
Le chemin parcouru	Une situation de départ en noir et blanc, à l'arrivée, tout en couleurs. Les expressions des étudiants de découragement remplacées par celles de l'effort. Leur volonté de réussir, au delà du diplôme, dans leurs premiers pas vers leur autonomie. la sensation profonde d'être à sa place, nourrie par le partage, l'écoute, le partage, l'envie de continuer.
Les apprentissages	• Cheminer vers une troisième option, l'accepter • Désapprendre le fonctionnement interne de l'équipe précédente • Désapprendre le mode relationnel « d'hier » pour m'ouvrir à celui d'aujourd'hui • Apprendre à apprécier l'instant T • M'adapter à un nouveau contexte professionnel (entreprises, cabinets comptables,) et institutionnels (éducation nationale, rectorat, ordre des experts) • Réactiver mes compétences commerciales • Capitaliser sur mes expériences de chef d'entreprise, de conduite de projet, et de coach.

Réflexions sur le changement dans cette transition professionnelle dans la décennie des 40/50 ans

Dans le chapitre de mes 30/40 ans, nous avons exploré le sens du travail en entreprise à travers le meilleur équilibre entre ce que nous sommes et ce que nous faisons. Ce changement imposé, loin de ma transition de vie précédente, de mon état d'esprit, a déclenché un rejet total, une opposition forte, de la colère.

Dès que nous nous sentons limités, frustrés, nous attachons encore plus d'importance à ce manque d'espace pour l'expression et la réalisation de nous-mêmes. Ce sentiment engendre une sorte de violence intérieure et de souffrance. Notre comportement et nos attitudes en sont impactés, créant parfois un fossé entre soi et les autres.

Gérard Dominique CARTON a analysé le processus de changement à travers des cas de personnes dont les changements s'avèrent difficiles car trop éloignés de leurs aspirations et attentes. Il décrit ce processus en 5 phases et précise que c'est une mécanique inéluctable, pas forcément perçues par les personnes elles-mêmes.

Il souligne le fait que notre capacité à intégrer le changement ne peut se faire qu'en ayant déroulé l'ensemble de ces 5 phases. Je me reconnais dans ce type de changement difficile.

Je vous propose de découvrir ces 5 phases afin que nous puissions tenter d'identifier cette mécanique dans la transition professionnelle de mes 40/50 ans. Il s'agira, en premier lieu, de comprendre ce mécanisme par le repérage des différentes phases et d'en extraire le ou les déclencheurs qui nous permettent de pouvoir les dérouler en cascade.

Phases du processus de changement	Leur action et importance
Le refus de comprendre	**Un réflexe**, permet d'adapter notre réalité au résultat attendu, conditionne la durée et la pénibilité du processus.
La résistance	Innée, utile, nécessaire, permet de verbaliser nos frustrations donc de les minimiser. La résistance possède 4 visages : 1. **L'inertie** : absence de réaction évidente de la personne

	2. **L'argumentation** : verbalisation de nos doutes et de nos réserves, logique de négociation pour tenter de modifier le résultat en fonction de notre réalité 3. **La révolte** : réaction forte, l'argumentation ne nous a pas permis d'ajuster notre réalité au changement proposé impliquant un changement non acceptable 4. **Le sabotage** : réaction qui reflète une soumission apparente au premier abord puis une révolte intense pour nuire au processus.
La décompensation	Phase clé, **abandon de toute forme de résistance**, début du travail de deuil.
La résignation	**Démission devant les pressions** personnelles et environnementales, marque la fin du travail de deuil, recherche d'arguments rationnels pour accepter le changement et les contours nouveaux d'une réalité nouvelle.
L'intégration	**Acceptation totale du changement en** 2 phases d'intégration : 1. Conceptuelle : acceptation des raisons du changement et des résultats nouveaux qu'il va impliquer, nos habitudes demeurent. 2. Comportementale : adaptation de notre comportement à ce changement, modifications des habitudes et attitudes.

Dans ce changement imposé, mon refus de comprendre cette situation a illustré mon premier réflexe. Ce rejet total a déclenché en moi un comportement où le dialogue s'avérait peu ou pas possible. L'exclusion de ce qui m'était cher revêtait ma réalité, je n'avais aucune disponibilité immédiate, ni pour moi, ni pour les autres. J'arborais des attitudes tranchées, des gestes vifs, des regards noirs. Je raisonnais en système binaire, moi ou eux. Cette phase me déstabilisait, la perte de mes repères, de ce qui faisait sens pour moi, l'absence de plaisir m'insupportaient engendrant cette colère active. J'avais mis du temps à réaliser que cette colère, tournée vers mon entourage professionnel, m'était également destinée. L'image que cette situation me renvoyait de moi-même, en fait, m'électrisait. La phase de résistance apparut. Les doutes, les interrogations, le jeu des contraires évoqués dans la recherche d'option occupaient mon esprit. Mes réactions demeuraient fortes, je n'acceptais toujours pas ce changement. Je me sentais cependant psychologiquement mieux. J'abandonnais toute forme de résistance dés lors que j'ai pu accueillir les images qui me ressourçaient. A ce moment là, d'autres possibles devinrent visibles. Nous utilisons cette technique, appelée l'ancrage, avec nos coachés lors de situations similaires. Je venais de vivre la phase de décompensation. Puis, j'avais mis au clou les pressions que je ressentais, celles qui m'étaient propres et celles provenant de mon entourage

et environnement. Je réalisais alors qu'une troisième option pouvait être envisagée, celle de rester, en donnant le sens que je désirais à ma nouvelle mission, en respectant ma volonté, sans faille, de continuer mon métier de coach. J'étais responsable de la situation. J'avais en ma mémoire mes expériences d'accompagnement de jeunes, cela me faisait vibrer. Je construisais alors les contours d'une nouvelle réalité avec des arguments rationnels, issus de mon vécu. Au revoir la résignation, bonjour l'intégration, une envie de me lancer dans ce nouveau projet m'enveloppait, je m'y voyais. Je me fixais des objectifs. Mon entourage percevait un changement radical de comportement, une énergie nouvelle. Le dialogue avait réapparu. Une volonté de fédérer les personnes autour de ce projet, m'animait. J'avais pu m'apercevoir rapidement que chacun n'attendait que cela : œuvrer ensemble.
Nous pouvons constater effectivement, que nous passons successivement par ces 5 phases. Chacune d'entre elles initie la suivante selon le travail accompli. Nous remarquons que chacune de ces phases présente une durée différente car, plus nous sommes en situation de rejet et de souffrance, plus la durée s'allonge, notamment sur la phase de refus de comprendre. La phase de résistance peut prendre également du temps, surtout, si nous passons comme moi par le visage de la révolte, donc du non acceptable.
Dans cette transition professionnelle de mes 40/50 ans, les 3 phases qui suivirent celles du refus de comprendre et celle de la résistance se sont déroulées plus rapidement.
Dès lors que la décompensation s'est opérée, les phases de résignation, d'intégration se sont enchaînées dans un espace-temps assez court. Nous retiendrons que la phase de décompensation se révèle être une phase majeure pour la suite du processus.
Ces changements difficiles se caractérisent par une forte charge émotionnelle induisant des comportements austères, des attitudes négatives, un monologue car nous sommes submergés par notre réalité donc peu sensibles à une réalité autre, et peu disponibles aux autres. Le travail sur soi s'effectue en dehors de l'entreprise car elle est alors génératrice de mauvaises sensations et de blocages.

La technique de l'ancrage (annexe 3) s'avère un allié efficace qui peut être utilisé par le coach pour l'apprendre au coaché, lequel, dès lors qu'il l'a intégré, peut l'activer lorsque qu'il se trouve dans une situation de ce type.
Le chemin parcouru en ouvre un autre à venir dans cette quête d'indépendance individuelle.
L'important pour moi est de pouvoir diversifier mes choix, être acteur de mes décisions, gagner en confiance en moi, en les autres, en les événements .Ressentir cette harmonie entre ma tête, mon cœur, et mon corps : expression de ma liberté .Je sais aujourd'hui que c'est une quête sans fin.

Vincent LENHARDT, au cours d'une de ces conférences, l'a exprimé ainsi : « **l'autonomie n'est jamais un état acquis, mais un processus complexe, ambigu et toujours en devenir** »[15].

---

[15] (équipes autonomes, guide de mise en œuvre, chapitre 3)

Mon travail de coach dans l'accompagnement d'une personne durant le chapitre de vie de ses 40/50 ans

Etapes du protocole	L'analyse des transitions du coaché dans sa période des 40 /50 ans
Le contrat	La pièce maîtresse entre le coach et le coaché, il stipule entre autre, l'engagement de la personne à réaliser son objectif et la responsabilité du coach à l'accompagner à atteindre cet objectif. Nous ne reviendrons plus sur la création du lien entre moi et la personne que je coache dans un climat de confiance et de bienveillance car nous l'avons développé au chapitre de vie de mes 20 ans.
L'objectif	Dans cette transition professionnelle, je guide le Directeur délégué récemment nommé dans sa prise de poste au sein d'une PME : coaching d'intégration /de performance.
La situation présente	Transition professionnelle choisie par le coaché, il vit simultanément un changement d'entreprise, d'environnement et de poste. Il évolue dans un contexte flou : l'entreprise vient d'être rachetée, sa situation économique s'avère fragile, les équipes affichent des signes de déstabilisation, de doutes, de peurs. Le coaché est un choix par relation, le nouveau PDG se demande s'il a l'envergure du poste étant donné qu'il est issu du monde bancaire. Nous travaillons sur la vision claire de son projet de transition vers l'intégration de son poste par le jeu des questions /réponses. Nous identifions les domaines d'investigation : le personnel, le métier /la fonction et l'entreprise. Nous nous appuyons sur les domaines de vie. Nous élaborons les étapes intermédiaires à parcourir afin que le coaché puisse repérer sa progression et ou les obstacles qu'il aura à franchir. Nous commençons par une mise à jour de ses compétences et expériences personnelles et professionnelles passées. Nous opérons de même pour ses valeurs. Nous identifions ce qui est essentiel pour lui, il classe ses choix par ordre de priorité. Ce travail apporte au coaché du plaisir, renforce son estime, sa confiance en lui. Il se sent prêt à entreprendre son intégration.

	Je donne du sens pour que le coaché s'implique dans le processus .Il est en mesure de mobiliser ses forces. Il prend le recul nécessaire pour affronter son défi et dépasser ses appréhensions.
L'état d'esprit	Le coaché dans cette transition de vie professionnelle appréhende le changement de cadre de référence, de milieu, de quotidien professionnel, de conditions d'exercice. Le coaché se situe en automne.
Le choix des options	Je lui apporte un éclairage dans cette situation inconfortable, notamment sur sa posture essentiellement défensive, issue de son ressenti de n'être pas aimé. Par le jeu du questionnement, il exprime la représentation qu'il se fait d'un dirigeant, du pouvoir, des actions .Ce travail lui ouvre différentes options pour agir autrement, faire le deuil d'être aimé .Il se prépare à une certaine solitude. Nous poursuivons sur les croyances, les représentations, les valeurs. J'utilise le protocole en annexe 2. Nous explorons simultanément son environnement, et ses comportements de manager. Je m'appuie sur les identités professionnelles. Je lui «donne du mou», après un délai de réflexion, une idée peut faire son chemin. Le coaché évolue, même si au départ il adopte une position radicale sur certains points. Nous visitons son système de défense à travers ses émotions. Nous explorons son parcours professionnel, les événements marquants qui l'ont jalonnés Nous travaillons sur ses talents. Cette connaissance et reconnaissance de lui même déclenchent un changement d'attitudes, une perception nouvelle de la situation présente. Il accepte de ne pas avoir d'informations suffisantes, l'incertitude, la méfiance de certains salariés. Il s'attache à dialoguer, repérer sa valeur ajoutée, à s'appuyer sur la mémoire du personnel de l'entreprise. Il trouve certaines réponses à ses manques et difficultés. Il anticipe ces réactions et celles des autres. Il est en capacité d'établir de nouvelles relations, dans un environnement encore peu connu. Les salariés le consultent, l'écoutent. La conscience de son double rôle de leader et de manager lui insuffle l'envie de se dépasser.

La décision	Il prend ses nouvelles responsabilités de leader/manager Est en accord avec lui même. Il a conscience de son changement de saison et évalue sa réussite sur une échelle de 1 à 10.
Le plan d'action	J'utilise le protocole en annexe 3 Le coaché l'a écrit ainsi: Communiquer sur ses valeurs et celles de l'entreprise. Renforcer la culture de l'entreprise, semaine X, travail préparatoire semaine N. Créer une dynamique de groupe : QUI, QUAND, OÙ ? Communiquer sur la stratégie de l'entreprise et les moyens d'y parvenir : date. Co construire les règles de fonctionnements : AVEC QUI, QUAND, OÙ ? Comprendre les métiers du bâtiment (gros œuvre) et les acteurs. Définir les priorités, les communiquer. Travail sur les obstacles, recherche de solutions. L'afficher, le réactualiser.
La mise en œuvre	1. Organisation de visites chantiers. 2. Participation à des réunions de chantiers. 3. Observation d'un marché du département Etudes jusqu'à son obtention et son transfert au département travaux. 4. Création de réunions inter services hebdomadaires. 5. Communication sur les modes d'information en interne et externe. 6. Calendrier des entretiens individuels de progrès. 7. Animation d'événements.
Le chemin parcouru	Le coaché est sorti de ses doutes, peurs, et incertitudes qui le freinaient. Elabore des scénarios porteurs pour fédérer, communiquer, se faire comprendre et entendre. Il travaille avec ses collaborateurs sur des visions et actions communes pour donner du sens. Sait faire face à des situations sensibles connaissant ses limites et forces. Il a remis en cause ses attitudes par l'exploration de ses valeurs, croyances, désirs qui régissent sa vie. Réussi un changement 2 en incluant un environnement nouveau, en dépassant ses

	comportements antérieurs de défense. Il développe des attitudes nouvelles, basées sur des choix fondamentaux : l'humain, le pouvoir, l'argent, la place du travail, le plaisir, la réussite. A construit sa posture qui le crédibilise aux yeux de tous.
Les apprentissages	Le coaché a développé sa capacité de se remettre en question. A gagné en compétences managériales. Il capitalise sur ses expériences passées et sur ses compétences transverses acquises précédemment. A réussi à désapprendre ses conditions de travail antérieures et les comportements attenants et accéder à de nouvelles attitudes. Il sait aller au delà du rôle connu du manager à celui de leader. A acquis les complexités de son statut de directeur : ne pas faire / laisser faire, écouter les autres / s'écouter, décider / laisser décider, contrôler /auto contrôle, animer /laisser animer. Il accepte cette nouvelle sensation, la solitude. Nourrit l'envie d'aller plus loin dans son travail de développement personnel.

Observations du coach pour accompagner ces transitions professionnelles dans la décennie 40/50

Comme nous venons de l'explorer dans cette transition professionnelle d'un dirigeant nous soutenons le coaché pour qu'il puisse atteindre la performance. En effet, dans mes accompagnements de cadres dirigeants, j'ai pu mesurer le pouvoir du mot performer, un réel booster qui fait sens chez eux. Pour partager des images, des sentiments de progrès vers la performance nous retraçons ensemble les valeurs du sport, la discipline, les efforts, l'endurance, le mental. Je m'appuie sur mon expérience en championnat d'athlétisme et sur les courses à pied auxquelles je participe. Les valeurs du sport (courage, ténacité, endurance, persévérance, dépassement de soi) s'apparentent avec justesse aux valeurs d'un coaching de performance. Autrement dit, booster la performance, l'efficacité par le surpassement de soi-même et des autres. Il s'agit de challenger le coaché sur des objectifs managériaux et organisationnels, ambitieux et atteignables, accompagnés d'un travail sur le mental destiné à en assurer la réalisation. Cette dynamique apporte l'énergie. Elle fait sens pour le travail en parallèle que mène le coaché sur ses croyances, valeurs et estime de soi. Le coaché,

ainsi challengé, ouvre des possibles, lève ou contrôle ses obstacles intérieurs pour laisser l'accès à son potentiel et ses talents naturels. Ainsi, il se trouve d'autant plus armé pour faire face à des changements inévitables et cycliques.
Nous savons que le changement est une constante de nos pratiques et de nos conduites. Il nous est essentiel de comprendre la mécanique de ce qui s'y oppose et ce qui le favorise.
Nous aidons les coachés, équipes et dirigeants, à surmonter leurs inquiétudes et peurs, à accueillir positivement les évolutions inéluctables que le changement soit voulu ou subi par eux.
Au travers de cette diversité de transitions de vie professionnelles et personnelles explorées, nous avons pu constater que le changement ne se décrète pas. Il s'accomplit à mesure que l'organisme s'adapte et se transforme. Tout organisme est donc vivant : il naît, grandit, s'affaiblit, se dégrade et meurt pour naître à nouveau sous d'autres formes et ainsi de suite. Nous accompagnons ces transitions par l'observation, l'analyse, la modélisation, les échanges entre coachs et les supervisions.
Que la personne ait choisi ou non le changement, chaque intention, proposition, imposition ou rencontre participent à la résistance au changement. Ce que nous venons de développer dans la transition professionnelle de mes 40 à 50 ans.
Le coaché a éprouvé de la peur, sans en comprendre les raisons véritables, des inquiétudes exprimées sur la perte de cadre de références, de zones de confort, de reconnaissance, d'identité. Le coaché a fait preuve de refus passif, d'immobilisme, par crainte de perte d'identité personnelle au profit de celle professionnelle, déclenchant une rupture d'équilibre personnel, accentuée par la modification des rapports humains dans l'entreprise.
Le coaché a choisi l'évitement comme mode de défense. Cependant la réalité du terrain, son dialogue intérieur demeurent et insistent pour qu'il change, pour occuper sa place de manager/leader. Le coach le soutient dans cette phase, encourage ses efforts de compréhension, d'adaptation. Le comportement de bienveillance du coach lui permet d'observer, d'identifier, d'exprimer son ressenti, pour apprivoiser l'inconnu, le maitriser.
Nous aidons le coaché à faire le deuil d'être aimé en travaillant sur sa représentation du dirigeant et sa représentation de son activité de dirigeant. En effet, il peut inspirer aux salariés un sentiment de pouvoir qui les poussent vers des comportements négatifs.
Comme ces réactions le plus souvent hostiles de la part des salariés, qui fusent face à lui, qui incarne la nouvelle Direction. L'expression négative s'exprime sous diverses formes :

- **Vexation** : « maintenant, on va nous obliger à faire avec leurs principes ce que nous avons toujours fait ». « On veut nous apprendre ce que nous avons créé ».

- **Méfiance quant aux intentions** : « c'est coercitif. On veut nous priver de notre autonomie actuelle, « ils » veulent reprendre le contrôle »,
- **Regret de l'époque d'avant** : « on va devoir changer nos habitudes, perdre nos avantages », c'est inacceptable.
- **Perte de confiance** : « traître, ce Directeur, il s'est mis de leur côté, celui du pouvoir, déguisé en personne aidante pour nous avec ses « je vais vous aider, nous allons y arriver ensemble ».

Pour ce travail de deuil à accomplir, nous utilisons le concept des 5 phases du deuil[16], décrit dans la transition de mes 20/30 ans, et respectons le rythme du coaché dans les différentes phases.

Lors de cette phase, le coach lui renvoie, par le jeu de questions /réponses et effet miroir, sa propre peur du changement en s'appuyant sur l'exercice des représentations dirigeant/activités du dirigeant. Cette dynamique en face à face lui permet de se dégager de sa propre peur. Une des réussites du changement revient tout simplement à sécuriser ses acteurs (les coachés). Le porteur du changement, le Directeur, au clair avec son identité de dirigeant et les actions collectives à mener, donne confiance et conduit ses équipes vers une stratégie commune. Il peut construire avec eux les indispensables nouveaux outils actés dans le plan d'action et sa mise en œuvre.

Le coach est là pour donner de la valeur à ce qui se fait, à ce qui se dit.
Il n'exerce aucun pouvoir, cependant il a une compétence identique à celle de l'horloger/bijoutier : il connaît son métier. Il sait choisir les métaux, les pierres précieuses, il entretient ses outils, il est habile, soigneux, précis. Il fabrique de beaux objets uniques. Sa compétence, néanmoins va au delà. Il sait ajuster exactement le bijou à la conformation unique de son client, qui peut présenter une particularité ou plusieurs particularités.

Considérons les spécificités des dirigeants à prendre en compte dans nos coachings.

Nous avons souligné la double compétence d'un dirigeant pour piloter une entreprise : être leader et manager. Les clés essentielles de la réussite seraient d'agir avec sa personnalité, de se connaître et reconnaître. Pour cela, le développement personnel du dirigeant se révèle important dans un monde sans cesse en mouvement, où les entreprises, les organisations, les situations managériales évoluent à un rythme effréné.

Nous avons pu observer que dans l'accompagnement de ce dirigeant, le travail sur son développement personnel, à savoir : la connaissance de ses croyances, ses peurs, la mise à jour de ses valeurs et compétences, la révélation de son potentiel, le travail sur sa représentation de dirigeant et activités liées, lui ont permis d'intégrer son poste de Directeur et de pouvoir

---

[16] D'après Elisabeth Kübler Ross

en assumer les responsabilités. Autrement dit, le dirigeant assure la pérennité de l'entreprise par une stratégie de développement adaptée et des équipes en cohérence pour atteindre les objectifs opérationnels liés à cette stratégie.

En cela, nous rejoignons Vincent LENHARDT[17], qui a mis l'accent sur le développement du Dirigeant, en citant son potentiel, ses limites comme enjeu majeur pour l'organisation dont il a la responsabilité, en ce sens que le potentiel et la limite de l'organisation sont déterminés par le potentiel et la limite du dirigeant qui en a la charge.

Le dirigeant s'attache à mobiliser ses ressources propres pour faire face à l'incertitude, au stress, à l'inconnu, et à ses pertes pour accueillir les gains futurs d'un changement interne (en lui) et externe (l'entreprise).

Vincent LENHARDT va encore plus loin, il insiste sur les risques du dirigeant à être piégé par les soucis de protection de son périmètre, statut, et pouvoir, ce qu'il nomme le complexe de la langouste. Lors de la recherche d'options, nous avons pu repérer ces risques, qui induisent un comportement défensif chez le coaché. La compréhension de ce fonctionnement lui a fourni certaines clés pour gérer et changer d'attitude (changement 2) en donnant du sens à ses équipes, en allant au delà de ses compétences de décideur, donneur d'ordres, par l'écoute et la proximité.

L'analyse autour de ce coaching de dirigeant permet, également, de mettre en évidence cette tension complexe entre dimension individuelle, au service de la personne et dimension professionnelle, au service de l'organisation et de la performance.

Le coaching répond avec pertinence à cette dynamique conjointe: la dimension individuelle et la dimension collective. Philippe ROSINSKI (2003, pp.105-116) a représenté clairement cette tension complexe en quatre qualificatifs :

- Being: **Stress living itself and the development of talent and relationships.**
- Doing: **Focus on accomplishments and visible achievements.**
- Individualistic: **Emphasize individual attributes and projects.**
- Collectivistic: **Emphasize affiliation with a group.**

Cette configuration « Being-Doing / Individualistic-Collectivistic » présente avec justesse et concision la pertinence du coaching pour le dirigeant.

En effet, parmi nos actions, nous aidons le dirigeant à éliminer son stress par un travail sur ses qualités, valeurs et talents. Nous œuvrons ensemble à la clarification des objectifs, leur réalisation et aux résultats attendus aussi

---

[17] Les responsables porteurs de sens Culture et pratiques du coaching et du team building

bien pour lui même que pour l'organisation. Nous veillons ensemble à ce que les projets individuels voient le jour et concourent à l'émergence de potentiels pour renforcer la performance individuelle et celle de l'organisation Nous insistons sur le besoin d'appartenance à un groupe, pour renforcer la cohésion d'équipe et accroitre la performance

D'après DELIVRE (2002) : « être dirigeant, c'est être au contact de l'environnement, c'est faire évoluer la structure, c'est définir la vocation de l'entreprise, c'est agir au plan stratégique, autant de domaines sur lesquels le dirigeant peut avoir besoin d'être accompagné, pour faire face aux nouvelles attentes et aux contraintes organisationnelles qui pèsent sur lui. Nous partageons cette approche, cependant, dans nos expériences d'accompagnement de dirigeant, nous allons au delà, nous aidons le coaché sur la profondeur du rapport à soi et aux autres. Ses propres attentes, besoins se révèlent différents de ceux des autres, accentuant son sentiment de solitude, voire d'être incompris.

Dans l'accompagnement de ce dirigeant, directeur de PME, le travail du coach a été de l'amener sur des questions liées à la fois sur son profil de dirigeant et aussi sur la représentation qu'il se fait de l'activité d'un chef d'entreprise. Le dirigeant apprend ainsi à mieux se connaitre, percevoir l'autre, écouter les autres pour anticiper, réagir, agir avec authenticité. Ces apprentissages permettent de mesurer l'investissement personnel du coaché, son énergie personnelle pour réussir sa nouvelle mission et l'énergie de conviction qu'il a pu proposer à son équipe. Il apparaît qu'un des leviers de la réussite de l'accompagnement de dirigeant soit le développement personnel et managérial.

Nous rajouterons que l'ouverture au changement du dirigeant coaché favorise l'issue positive de la démarche d'accompagnement.

Reconsidérons la cinquantaine au-delà de l'accompagnement de dirigeant. **Les 40 à 50 ans** se situent sur la transition du milieu de vie. Ils prennent pleinement conscience de leur responsabilité vis-à-vis d'eux-mêmes, de la famille, des autres et de la société. Le travail sur les domaines de vie est assez révélateur. En effet, les objectifs et les priorités changent à chaque décade. Nous nous réajustons dans nos domaines de vie pour y parvenir. « Le vouloir vivre plus pour soi » commence à s'insinuer en eux. Ils réalisent que le temps restant à vivre est presque plus court que le temps vécu. Une sorte d'urgence surgit à nouveau comme pour la décennie des 30 ans. Privilégier les buts extérieurs plus au moins imposés par les autres ou faire des acquisitions pour ressembler à l'entourage, s'efface pour laisser place à la quête d'un enrichissement intérieur. L'important est d'agir selon ce qui fait sens pour soi, qui renforce l'estime de soi. Le moment d'abandonner certains rêves d'évolution professionnelle et de façon de vivre s'impose.

De nouvelles remises en question de soi, de l'entourage enveloppent leur esprit. Peut-on encore être désirable et convoité (e) par le sexe opposé ? Est-on encore utile alors que les enfants sont sur le chemin de l'autonomie ? Est-on toujours une valeur sûre professionnelle dans l'entreprise ? Peut-on encore accomplir des prouesses ? Alors qu'hier on attaquait une journée de travail après un weekend de fête aujourd'hui, le corps présente quelques signes de fatigue. Vivre et/ou accompagner des deuils, des pertes douloureuses s'inscrivent dans le continuum de la vie. A cinquante ans, il se vérifie que nous sommes conscients de ce qui importe le plus dans la vie. Nous agissons en accord avec nos valeurs. Sachant ce que nous voulons, nous sommes plus réfléchis dans nos choix et nos décisions. **La créativité ouvrira les portes d'horizons nouveaux, réalisables et épanouissants pour continuer vers ce qui est bon pour soi.**

Le travail du coach relève de l'activité photographique, nous servons de révélateur du négatif que possède le coaché, nous l'aidons à réussir son propre tirage papier couleur avec les contrastes, la luminosité, l'exposition, les couleurs, le grain du papier qui lui correspondent. Rencontrer son image, se plaire, avoir envie de soi ressemblent simplement à une des victoires de la cinquantaine. **Il s'agit d'être créatif et de dessiner de nouveaux rêves, objectifs, réalisables et épanouissants pour les décennies suivantes.**

Chapitre 5

Transition professionnelle dans le chapitre de mes 50 à 60 ans

© Emma LECOURT

Phase d'introspection : les transitions de mes 50/60 ans.

Etapes du protocole	L'analyse des mes transitions de vie dans la période de 50 /60 ans
Le contrat	Contrat moral de moi à moi
L'objectif	Accepter le quotidien tel qu'il est avec plus de souplesse et distance
La situation actuelle	Physiquement, je vivais d'importantes métamorphoses. Il me fallait apprivoiser une autre image de moi. Mon entourage me renvoyait une image plus positive que celle que j'avais. Mentalement, je me bataillais avec des sentiments de frustration, de contradictions. Je ne me comprenais pas. Je me rapprochais de la réalisation des trois objectifs que je m'étais fixés : quitter mon emploi à 60 ans pour me consacrer entièrement à mes activités de coaching, reprendre mes activités sportives plus régulièrement, écrire les chapitres de mes transitions de vie de 40 à 50, et 50 à 60. Intérieurement, je jonglais entre un sentiment d'aboutissement personnel, professionnel et un sentiment de doutes, d'incertitudes. Une situation très déstabilisante, en ce sens que professionnellement, je jouissais du fruit de mes expériences. J'étais reconnue, appréciée, consultée par l'ensemble de mes collègues, des jeunes, du corps professoral, de la Direction. J'avais l'impression d'avoir atteint cet équilibre entre mon identité personnelle et professionnelle. Mes trois objectifs, ma vision de l'avenir à 60 ans allaient pouvoir se concrétiser comme je l'avais prévu. Or, je demeurais encore remplie de contradictions. Troublée, un sentiment de malaise et une grande envie ces autres choses cohabitaient en moi. Se préparer à partir vers autre part quand là où nous sommes nous apporte équilibre, satisfaction et reconnaissance, engendre un vide en soi, une étrange sensation de plein vers le vide. A ce moment là, j'ai dû encaisser un événement brutal : l'accident grave de mon époux. Il m'a renvoyé vers d'autres interrogations plus profondes sur ma façon de percevoir le monde, mon entourage et moi-même.

L'état d'esprit	Je vivais des situations de haut et de bas. J'avais du mal à cohabiter avec moi même : je naviguais entre difficultés et besoin d'équilibre. J'étais à la fois rassurée par la mise en place de mes objectifs et déstabilisée par un flux de questionnements sur moi même.
La recherche d'options	Dans ce brouhaha intérieur, j'avais cependant repéré certains états positifs qui supplantaient ceux négatifs. Je décidais de les sortir de ma tête. A chaque fois qu'ils se présentaient, je les écrivais. Je les lisais et relisais à haute voix pour les écouter. Je parvenais à ressentir des bouffées d'oxygène, avec des possibilités à explorer .En même temps, une envie nouvelle s'insinuait en moi, celle de laisser faire, se laisser pénétrer par les événements. Tout autant, je m'évertuais à revenir sur des zones connues de moi-même, à la fois pour me retrouver, pour me relier avec ce que j'avais construit, assumé. A ce stade, je me percevais comme quelqu'un divisé en deux, un peu écartelé entre des tensions intérieures contraires et des sensations positives .J'éprouvais un réel sentiment de solitude, d'isolement. Ce climat intérieur à la fois perturbant et attirant, tempéré par mes écrits, et lectures m'avait conduit à une prise de conscience sur différentes facettes de moi même : mes relations, choix, rejets, envies, accomplissements, renoncements. Entre autres, suite à l'accident, j'avais du différer ou annuler la plupart des activités de mon planning. Cet événement subi avait généré un déclic. Il m'ouvrait la voie vers une nouvelle façon de raisonner, de m'approcher de moi. Il amplifiait ce besoin de lâcher prise, de laisser venir les choses. Cet état, imperceptible de l'extérieur, me procurait du bien-être chaque fois que j'y parvenais. Intuitivement, je devinais qu'il me fallait y parvenir durablement.
La décision	Ainsi, j'ai pris la décision de quitter le groupe d'enseignement professionnel pour m'accorder le temps de me retrouver, et celui de .prendre soin de mon époux.
Le plan d'action	Annoncer ma décision à ma famille. M'entretenir avec la direction du groupe sur ma décision, la lui faire accepter. Négocier la rupture conventionnelle avec le DRH (directeur des ressources humaines). Prévoir la passation de mes activités.

La mise en œuvre	1. Mettre en place la rupture conventionnelle avec le service DRH : entretiens avec le Directeur des RH. 2. Préparer les documents et faire les calculs nécessaires pour la rupture conventionnelle. 3. M'informer au pôle emploi. 4. Préparer mes collègues, les étudiants, le corps enseignant à mon départ proche. 5. Organiser la passation : rétro planning, programmation des RV.
Le chemin parcouru	J'ai acquis une connaissance plus claire de moi même : je reconnais mes différentes facettes et plus sereinement mes contradictions, Je chemine vers une redéfinition de ma vie professionnelle, affective, spirituelle, sociale avec la méthode des petits pas. Je réévalue le rapport à moi même, je suis en mutation vers de nouveaux fondements. J'ai gagné en souplesse, en flexibilité en atténuant certains aspects trop rigides, voire limitant de ma personnalité. Je m'éloigne de mes certitudes, j'accueille le non encore vécu. J'ai apprécié les bienfaits de l'authenticité, de l'intégrité. J'en éprouve du plaisir. Je retrouve mes cotés joueurs et espiègles, la légèreté qui va avec.
Les apprentissages	J'ai appris à mieux m'assumer par le lâcher prise. J'ai pleinement conscience de ce qui importe le plus dans ma vie. Je connais intimement mes propres valeurs. Suis plus réfléchie dans mes choix, mes décisions, parce que je sais précisément ce que je veux ou ne veux pas. J'apprends à tisser patiemment des fils entre ce que j'étais, ce que j'ai accompli et ce que je désire devenir.

Réflexions sur le changement dans cette transition professionnelle et personnelle à 50/60 ans

Je profitais pleinement de ce bien-être que nous apporte la cinquantaine, une connaissance certaine de ce que nous voulons et de ce que nous ne voulons plus, avec le plaisir de s'occuper de soi. Je m'accomplissais dans mon activité de coaching, au travers d'accompagnement de chefs d'entreprise, de cadres dirigeants, de salariés en mutation professionnelle et personnelle. Je m'attachais à chercher et utiliser les meilleurs outils d'accompagnement pour chaque coaché avec mes expériences vécues et connaissances acquises. J'étais en été, à la quête d'un meilleur équilibre entre le professionnel et ma sphère privée. Mon fils, devenu chef d'entreprise développait sa société avec agilité et ténacité, tout en se préparant à fonder une famille. La trentaine incite à prendre de nouvelles responsabilités. Ma fille construisait son projet professionnel au travers de stages à l'étranger pour satisfaire aux nouvelles exigences du marché, et, ainsi faire la différence pour décrocher l'emploi convoité. Elle révélait ses talents, affirmait ses convictions, élargissait sa vision du monde. Elle était prête à partager sa vie avec son compagnon. Mon époux venait de changer, à son initiative, de métier au sein de son entreprise avec la motivation, et l'engagement qui le caractérisent. Investi totalement dans de nouveaux apprentissages, il relevait le défi de la quarantaine, celui de mettre à l'épreuve ses capacités et de s'accomplir pleinement personnellement et professionnellement. L'accident de mon mari est survenu à la fin de cette décade, accélérant le processus de transition en cours.

Dans ce chapitre de vie des 50-60 ans, consciente par expérience que cette transition se déploierait sur plusieurs années, je mettais préparée mentalement à passer un certain nombre d'étapes pour y parvenir. J'avais anticipé et m'étais fixée trois objectifs évoqués dans la situation actuelle pour réussir, avec des objectifs intermédiaires pour me rassurer. De nombreux piliers de mon existence tendaient à tanguer : j'avais accompli les devoirs qui m'incombaient : construit une famille et mené une carrière professionnelle selon mes attentes, mes convictions, trouver l'équilibre de ma famille, de mon couple. Peu à peu, en même temps, je commençais à comprendre que «ça, c'était réalisé», que mes ambitions étaient assouvies, que mes enfants construisaient leur propre vie. Un malaise profond et simultanément une envie de réaliser d'autres choses avaient surgi. La situation générait du stress. Par réflexe, je m'accrochais à mon parcours de vie, à l'expérience de mes transitions précédentes (Résistance au changement). J'essayais de contenir mon malaise en voulant croire que je pouvais continuer à fonctionner comme avant avec les mêmes principes, valeurs, croyances. De fait, je tentais de dissiper en moi ce bilan du déjà fait. J'étais en automne, en prise avec les doutes, les incertitudes et un flot d'interrogations. Je ne saisissais pas la situation, alors que tout autour de moi devait me rassurer : une vie de pleine activité, un cercle d'amis actif, une famille à l'écoute des uns et des autres, des projets, des objectifs en cours de réalisation. J'éprouvais un sentiment de solitude, d'isolement. Je me percevais plus sensible qu'auparavant, plus exposée. Ajouté à cela, l'accident de mon époux était survenu brusquement Il m'avait expédié au fond de moi-même, sur des facettes inconnues. Les méthodes, les préparations, les transitions, l'expérience me semblaient peu utiles. Cependant, je m'attachais à repérer des signaux positifs. La simple idée que plusieurs issues existaient, me remotivait. L'accident, cet événement imprévu, avait engendré une opportunité à saisir. Le déclic s'était réalisé : quitter le groupe pour me recentrer sur l'essentiel de ma vie. Cette décision de partir vers autre chose m'a apporté de l'oxygène, du sens, de l'énergie. L'accident de mon conjoint m'avait fait ce cadeau caché. J'avais pu reprendre les commandes, ne plus subir et me sortir de la résistance. J'étais en mesure d'être active, l'énergie retrouvée. Sans effort, j'ai déroulé le plan d'action pour partir du groupe. Puis j'ai mis en œuvre toutes les tâches à effectuer avec détermination, convaincue que c'était bon pour moi. Je me vivais de mieux en mieux. Je l'exprimais par des attitudes et comportements variés. Mon entourage, mon cercle d'amis, ma famille avaient fortement participé à cette évolution. Ils ont su me renvoyer mes victoires successives en pointant ma manière d'agir autrement. Le lâcher prise, lorsque j'y parvenais, était devenu perceptible.

Cette transformation m'a demandé beaucoup d'énergie, de force mentale, de prise de recul, d'écoute de moi-même. **Elle se poursuit encore à ce jour.**

Dans les chapitres de mes 20 à 50 ans, je m'étais attachée à évoluer, alternant des périodes de ***Stabilité,*** durant lesquelles j'avais construit mes valeurs, mes croyances et mes priorités tant au niveau personnel, professionnel que social. Et de ***Transition*** où, j'avais accompli des changements de valeurs, croyances et priorités dans mes différents domaines de vie. Pour cette transition, je rêvais de plaisir, de temps choisi, d'aboutissement personnel. La réalité a été tout autre.

Dans ce cheminement de mes 50 ans à 60 ans, je me suis efforcée d'avoir une connaissance plus claire de moi-même, déclenchée par des doutes, questionnements, émotions intenses, sentiment de solitude, d'isolement. Je passais aussi bien du flou à la lumière, du vide au plein de moi-même. Ce malaise provenait du fait de devoir réévaluer la manière dont j'avais conduit ma vie, reconsidérer de nouveaux besoins, étapes majeures pour muter et donc réinventer le chapitre suivant. J'avais ressenti ce mouvement naturel de transformation intérieure qui s'initiait en moi. Je vivais clairement une mise à nu de moi-même pour à nouveau reconquérir cette valeur de liberté.

Carl G JUNG parle de processus d'individuation. L'individu est organisé en structures complexes contradictoires entre elles. Si l'individu veut se développer et se réaliser pleinement, il passera par ce processus. La liberté, dit Jung, ne s'atteint qu'à travers ce processus d'individuation. Donc, incontournable, si nous voulons nous réaliser et disposer de toutes les potentialités que nous possédons en tant qu'individu totalement « développé ».

JUNG parle d'une phase clé pour atteindre le stade d'individuation, celle de la désindividuation. Il s'agit de tomber nos masques, ceux que nous portons pour l'extérieur. Le but est de devenir totalement libre dans nos limites essentielles et humaines pour se révéler à soi. De même, le cheminement vers l'individuation se réalise en progressant, en régressant et en progressant à nouveau, pas à pas, afin de n'être plus le produit de ses principes. Nous parcourons ce chemin pour accepter nos contradictions, nos sentiments opposés, le non vécu de notre vie, sans arborer une attitude de refus ni d'auto justification. Des forces puissantes rentrent en jeu. Elles modifient notre propre vision de nous mêmes en faisant émerger de notre conscience des dimensions que nous ne soupçonnions pas. Ce qui demeurait initialement inconscient devient conscient. Nous assumons nos conflits intérieurs. Nous nous créons une véritable opportunité. Nous créons une nouvelle identité avec les aspects de nous-mêmes réprimés et non vécus jusqu'alors. Cette étape nous révèle à nous-mêmes. C'est un réel processus de croissance et d'évolution. Nous ressentons une attirance naturelle vers l'authenticité, l'intégrité. L'accident de mon époux fut le déclic qui me permit de cheminer vers une nouvelle identité. À la fin de ces différentes étapes, nous muons, changeons pour vivre un autre cycle. Nous devenons progressivement plus compréhensif, plus ouvert aux autres, serein envers nous. Nous trouvons un équilibre entre ces forces opposées et vivons le monde qui nous entoure avec plus de distance, de souplesse, de justesse. Nous possédons une autre lecture de l'extérieur. Nous sommes capables d'accepter l'incertitude et l'impermanence. Nous prenons du détachement, du recul, pour repérer les éléments positifs et en tirer les enseignements. Nous renforçons notre capacité à être en accord avec nous-mêmes et nous sentir libre.

A ce jour, je m'applique au quotidien à essayer de maintenir cet équilibre, à me concentrer sur l'essentiel. Cet exercice demande vigilance et persévérance. Je m'autorise à pouvoir fléchir et me reprendre pour m' « auto motiver ».

Quel que soit la transition de vie, nous accomplissons un travail approfondi sur nous-mêmes pour être acteur du changement, confiant, réceptif, ouvert. Nous avons chassé les « je dois » pour agir avec discernement, penser par rapport à soi, entreprendre selon ses envies, ses besoins propres. Dans notre quête de liberté, nous avons appris à dire non. Nous avons opéré des choix. Nous les avons assumés. Nous en avons extrait le positif pour rebondir sur de nouveaux. Nous avons tous réglé nos comptes avec nous-mêmes à un moment ou à un autre pour pouvoir acter un nouveau départ. Nous avons tous capitalisé sur nos expériences, nos apprentissages, nos cycles successifs de transition et augmenté notre agilité. Ce sentiment de liberté nous fait grandir, nous rend curieux de nous-mêmes, attentif à l'action plutôt qu'au résultat, au chemin plutôt qu'à la destination. Nous nous réajustons en ayant travaillé sur nos pensées automatiques, sur nos représentations, sur nos croyances et valeurs. L'ensemble de ces actes et actions nous ramène à un seul objectif : être libre. Autrement dit, avoir la pleine conscience de ce qui est bon pour soi et écologique pour les autres. Cette quête de la liberté par la connaissance de soi et le travail à accomplir se retrouve dans les écrits de NIETZCHE à propos de nos mutations dans le but de se réaliser soi-même. Il appelle le cycle de ces transformations : les trois métamorphoses. D'une part, elles résument exactement le parcours de vie de chacun de nous et d'autre part, elles permettent le travail d'accompagnement d'un coach face à une personne confrontée à l'incertitude et à l'impermanence. Ces trois métamorphoses se déclinent ainsi :

Le stade du chameau illustre la première métamorphose : le « *tu dois* ». Il s'agit de conformation de l'esprit à la culture, la société, la famille, la connaissance, la morale. Le chameau n'existe que par le poids que nous lui imposons. Il a besoin de lourdeur pour exister comme nous tous. Nous nous chargeons pendant nos différentes transitions de connaissances, d'expériences, d'apprentissages, de croyances, d'émotions jusqu'à parfois douter, saturer, chuter, se relever, s'interroger. Véritable guerrier, nous combattons nos mauvaises habitudes, nos certitudes, nos comportements excessifs. Le but est de trouver son désert, sa solitude. Nous endurons toutes ces épreuves pour nous armer et donc être armé afin de nous affranchir du « tu dois » en « *je veux* ». Ces épreuves où la discipline acceptée rend fort, courageux, rendent possible l'arrivée de la deuxième métamorphose : Le Lion.

Le stade du lion symbolise donc la deuxième métamorphose celle du « *vouloir* » : la libération. Nous faisons du vide pour dire « oui » à la vie. Le « tu dois » devient le « je veux ». Autrement dit, nous possédons le pouvoir de dire « non » aux valeurs du chameau. Par le « non », nous apprenons à aiguiser notre propre volonté, à agir plus pour nous-mêmes. Nous faisons preuve de discernement. Nous connaissons nos contradictions. Nous jouissons de la pleine capacité de nous poser les vraies questions en quête de réponses essentielles. Nous faisons preuve d'actes plus mesurés, réfléchis, percutants. Nous nous ajustons aux différentes situations, nous reconnaissons ce qui est de l'ordre de notre réalité et celle des autres. Nous savons que tout autour de nous est en perpétuel mouvement, que tout début est porteur d'une fin avec ses transitions. Nous percevons notre monde intérieur tout en réagissant/agissant sur les événements extérieurs. Nous captons nos conflits intérieurs, nous apprenons à les accepter. Nous sommes prêts à accueillir la troisième métamorphose : « *l'enfant* ».

Le stade de l'enfant dévoile la troisième métamorphose : l'enfant n'est plus ce que nous avons quitté mais ce que nous devons atteindre.

Ainsi le lion redeviendra enfant, avec sa mémoire, ses expériences de Lion et de Chameau, riche de son vécu, de ses contradictions acceptées. Cet enfant, tourné vers son monde de découverte, d'ouverture spontanée aux autres nous invite à jouer, à nous faire plaisir, à l'envie de partager. Pour NIETZCHE, cette troisième métamorphose nous amène à jouir de la capitalisation de notre vécu et connaissance approfondie de nous-mêmes et par-delà, à être capable de se faire plaisir et de la partager. Il l'exprime ainsi : **« la maturité de l'homme, c'est d'avoir retrouvé le sérieux qu'on avait au jeu quand on était enfant »**[18].

A ce stade, nous pouvons penser que notre esprit a rompu avec ses principes, ses anciennes croyances et valeurs pour en créer de nouvelles. Nous avons la capacité de renouer avec l'instinct, vivre l'instant présent. Le chemin parcouru, nos transitions de vie, nous ouvrent les portes d'une force de vie intérieure, d'alignement intérieur. Nous redécouvrons la fraîcheur d'un instant, le désir de nouveauté, le plaisir de partager. Nous nous surprenons à redevenir, espiègles et joueurs, à rire spontanément. Le jeu est bien une activité gratuite et créative dont l'enfant en fixe lui-même les règles. Il les invente. Ce stade nous permet de recomposer nos lendemains avec de la légèreté inconnue auparavant : se sentir bien dans ses baskets, se sentir libre, aérien !

Chacun de nous se retrouvera dans ces cycles ou éprouvera le désir de les accomplir, car nous recherchons tous la cohérence entre nos valeurs et nos actions. Pour cela, nos rêves notre imagination, notre spontanéité s'imposent comme les atouts maîtres de nos transitions.

Nous avons pris la mesure que rien n'est acquis, tout est en mouvement. Cela nous oblige à parfaire notre flexibilité, à aiguiser notre curiosité, à mettre en œuvre notre agilité, à pratiquer le lâcher prise. NIETZCHE appuie sur cette aptitude à être maître de soi dans cette citation : **« il faut savoir se conserver. C'est la meilleure preuve d'indépendance »**. [19] C'est notre grande Liberté.

> « L'important n'est pas ce qu'on fait de nous, mais ce que nous faisons nous-mêmes de ce qu'on a fait de nous. »
>
> Jean Paul SARTRE

---

[18] (Source: Friedrich Nietzsche - œuvres: Éd. LCI, 2013)
[19] (Par-delà le bien et le mal, chapitre deuxième, l'esprit libre)

Mon travail de coach dans l'accompagnement d'une personne durant le chapitre de vie de ses 50/60 ans

Etapes du protocole	L'analyse des transitions du coaché dans sa période des 50 /60 ans
Le contrat	La pièce maîtresse entre le coach et le coaché, il stipule entre autre, l'engagement de la personne à réaliser son objectif et la responsabilité du coach à l'accompagner à atteindre cet objectif. Nous ne reviendrons plus sur la création du lien entre moi et la personne que je coache dans un climat de confiance et de bienveillance car nous l'avons développé au chapitre de vie de mes 20 ans.
L'objectif	Préparer le départ en retraite sans l'anxiété « au ventre » dans les meilleures conditions et avantages.
La situation actuelle	Des absences pour maladie, des parents vieillissants qui demandent plus de présence et d'interventions, une famille qui s'agrandit avec les petits enfants. Des changements d'habitudes de travail et utilisation de nouveaux outils mal vécus car imposés. Un environnement professionnel en pleine turbulence où chacun a la volonté de tirer son épingle du jeu. Un avenir menacé, des rumeurs négatives, des informations approximatives. Des propositions de départ anticipé sur une période limitée, induisant l'urgence. Un besoin de partir, loin de « tout ça », cependant sans renoncer au bénéfice des 38 ans passés dans l'établissement ; une certitude : ne rien perdre et partir le plus rapidement possible.
L'état d'esprit	Anxiété, « boule au ventre » en allant au travail. Un sentiment de dégout sur cette fin de carrière, la nostalgie des années précédentes. Le ressenti de n'être plus à sa place dans ce milieu hostile, sans partage ou presque.
La recherche d'options	J'écoute le coaché, encore et encore sur son ressenti actuel .Il identifie sa saison. Par le jeu du questionnement, j'aide le coaché à clarifier la situation souhaitée. Il réaffirme ne rien vouloir « lâcher ». C'est « son dû», partir le plus vite possible avec le maximum d'argent. Nous travaillons sur ses valeurs et croyances. Il fait preuve d'énergie positive. Il s'appuie sur ses valeurs pour s'accorder à lui même. Il est en

	capacité de se faire entendre des autres. Nous explorons les domaines de vie, aujourd'hui, demain. Il accepte de dérouler plusieurs options avec les critères temps et argent qui fluctuent selon les hypothèses de départ envisagées. Un sentiment d'injustice ressurgi sur une simulation, celle qui cependant répondrait le mieux à sa situation. Il travaille sur le « je prends, je laisse ». Je garde le silence. Il se fait les questions / réponses. Il parle de sa responsabilité, tout en nommant l'influence des forces et obstacles internes. Je lui propose une baguette magique pour réaliser son vœu le plus cher. Spontanément, il opte pour l'option carrière longue en partant un peu plus tard, avec un effort financier au démarrage. Toutes les autres options ont été ainsi balayées avec leurs avantages et leurs inconvénients. Il éprouve du bien être, en faisant ce choix. Il s'est senti libéré.
La décision	Il prend conscience de son changement de saison et évalue sa réussite sur une échelle de 1 à 10. Il décide de monter son dossier pour un départ à la retraite en carrière longue, satisfait et fier de pouvoir y prétendre
Le plan d'action	Recueillir les informations relatives à la constitution du dossier Demander un entretien avec le service des ressources humaines Partager son projet avec sa Famille Informer ses collègues proches, de confiance Réaliser un rétro planning des taches à effectuer pour réussir son projet
La mise en œuvre	Collationner les pièces à fournir pour le dépôt du dossier à la caisse de retraite Prendre RV avec cette dernière Ecrire au service ressources humaines selon le règlement intérieur Informer la Direction de son projet de départ avec la date présumée Célébrer en famille cet événement
Le chemin parcouru	Il a repéré, développé ses identités et rôles en accord avec ses valeurs Il reconnaît sa responsabilité, sa capacité à agir Sait ce qui est bon pour lui

Les apprentissages	Il a compris, identifié le dégout comme frein majeur, résistance au changement,
	Su dépasser ses émotions négatives,
	Accueillir les émotions positives en s'appuyant sur ses valeurs
	Il a rééquilibré ses domaines de vie
	Ramolli ses certitudes
	Il a accepté ses contradictions et ses forces

Observations du coach pour accompagner ces passages de transition professionnelle dans la décennie des 50/60

Nous avons pu constater lors de la transition de vie précédente combien la résistance au changement s'impose à nous, lorsque nous sommes contraints, asphyxiés par des obstacles externes. Le coaché subissait la situation sur les deux dimensions, professionnelle et plus particulièrement personnelle. Le coaché se sentait atteint dans sa personne, en quelque sorte humilié. Ses rôles et ses identités professionnelles ont été rétrogradés par lui-même au second plan, à son insu. En proie à un dilemme intérieur, au dégoût, il n'en avait pas conscience et personne de son entourage pour l'écouter, et le lui révéler.

L'écoute et le questionnement produisent à eux seuls plus de 50% du dénouement vers un nouveau départ. Le désir profond, en cette fin de carrière, est d'être reconnu par ses pairs et ses supérieurs pour son investissement sans faille durant de longues années. Les attentes du coaché se révélaient fortes : seuls des actes pouvaient le lui prouver. Le coach l'a invité à parler des représentations des actes attendus. Ce travail et celui sur les valeurs ont ramené le coaché sur ce qui était juste et bon pour lui. Le retour aux options est à nouveau possible, le coaché peut raisonner en prenant en compte les obstacles extérieurs et intérieurs, autrement dit les siens. Cependant, la croyance d'être considéré comme « rien » perdurait toujours, touché dans son amour propre, voire son honneur. Ainsi, au cours de l'exploration des options, ce sentiment d'injustice a resurgi, inacceptable que seul le « coup de baguette magique »[20] a pu effacer au profit de la spontanéité. Le coaché lui-même s'en est étonné ! Pour le coach, cet outil s'avère essentiel, proposé au bon moment, pour libérer le coaché. En effet, nous le ramenons dans un monde magique, où tout est possible, comme quand il était enfant, où s'ouvraient à lui tous les possibles réalistes ou imaginaires, peu importe. L'imagination supplante la raison dés lors que nous l'accueillons telle quelle. Paradoxalement, le vœu exprimait un choix raisonné, la magie en a été le détonateur. Le coaché a pris sa décision et

---

[20] Outil apporté lors de ma formation de coach au Centre international de coaching

opté pour l'option la plus avantageuse pour lui. Dans la foulée, avec une énergie communicative, il a mis tout en place pour s'assurer de l'issue positive.

Nul besoin, dans cette situation, sur cette décennie, de travailler sur les talents, il semblerait que les valeurs suffisent ! Peut-être les réactiverons nous sur le chapitre de vie qui est en ce moment en train de naître ! Christian BOBIN, poète a évoqué la transition ainsi : « il nous faut naître deux fois pour vivre un peu, ne serait-ce qu'un peu. Il nous faut naître par la chair et ensuite par l'âme. Les deux naissances sont comme un arrachement. La première jette le corps dans le monde, la seconde balance l'âme jusqu'au ciel ».[21] Chacun de nous suit son chemin sans jugement et sans se sentir jugé.

---

[21] Christian BOBIN : La plus que vive, coll. L'un et l'autre chez Gallimard, p.15.

EPILOGUE

Tout au long de notre vie, nous construisons des registres comportementaux. Nous apprenons à adapter des comportements en réponse aux sollicitations de l'environnement. L'environnement est sans cesse en mutation, de ce fait nous aussi.

Nous intégrons en permanence des changements, puisque nous acceptons d'élargir régulièrement notre registre comportemental. Ce phénomène est rendu possible, par les nouveaux paradigmes (renouvellement, changement perpétuel, dedans/dehors) que nous sommes amenés à traverser mais également par la valeur positive que nous attribuons au changement, d'autant qu'il est de nature à produire l'effet attendu.

Ces registres nous permettent de nous ajuster aux situations à chacun de nos chapitres de vie. Ces ajustements sont de véritables régulations ou modifications qui s'accompagnent le plus souvent d'un cadeau ayant pour rôle de transformer le négatif en positif.

Ensemble, nous avons pu constater que :
- soit nous régulons : nous sommes en changement 1.
- soit nous modifions, nous transformons : nous sommes en changement 2.

A travers ces chapitres de vie, nous pouvons retenir ceci : plus notre registre de changement comportemental est grand, plus il nous offre la possibilité de **rebondir**. Lorsque nous sommes confrontés à la rupture, nous savons par ailleurs qu'elle vise à instaurer un nouveau système nous permettant de continuer notre marche en avant.

Nous remarquons que nous avons des phases successives de stabilité et de passage. Le lien fort entre elles est la préparation de la prochaine.

Le coach bénéficiant d'une solide connaissance des relations humaines et de ses propres modes de fonctionnement, réalise un travail complexe sur des contenus, processus, sens, en s'appuyant sur les représentations, croyances, valeurs du coaché. Son but est de faire émerger de nouvelles visions, valeurs, comportements par le jeu du questionnement pour permettre au coaché de réaliser ses transitions de vie. Par ce travail, il se trouve lui-même acteur dans ce processus évolutif, créatif. Cette dynamique rend possible la synchronisation avec le coaché, ils respirent ensemble, et cela donne de l'élan au coaché pour écrire une nouvelle page qu'il effacera, réécrira sans fin.

Lors de chaque transition, nous agrandissons le puzzle de notre vie avec de nouvelles pièces professionnelles et personnelles qui s'imbriquent et s'équilibrent tour à tour.

Mes transitions de vie m'ont apporté un grand plaisir que je partage avec vous : je suis heureuse de m'accorder la possibilité d'être au plus près de ce qui est juste et bon pour moi. J'en suis devenue gourmande !

Dans cette atmosphère de liberté, nous allons nous quitter sur quelques lettres de l'alphabet qui expriment en verbes, noms, et qualificatifs ce qui fait sens dans l'exercice de mon métier

	Coach	Coaché
A	Alléger, Accord, Attentionné	Apprendre, Action, Aimé
B	Booster, Bienveillance, Bravo	Bouger, Bonheur, Bienvenu
C	Cadrer, Clarté, Chaleureux	Comprendre, Cadeau, Créatif
D	Donner, Distance, Disponible	Découvrir, Dedans/Dehors, Décidé
E	Ecouter, Energie, Engagé	Explorer, Eté, Entendu
F	Faciliter, Finesse, Fortifié	Faire, Force, Fier
g	Gratifier, Gestuelle, Généreux	Gagner, Gain, Grandi
h	Hisser, Habileté, Harmonisé	Hiberner, Hiver, Honoré
i	Impulser, Invitation, Imagé	Inventer, Investissement, Intégré
j	Jalonner, Justesse, Judicieux	Jongler, Jeu, Joyeux
l	Libérer, Latitude, Léger	Laisser, Lâcher prise, Libre
M	Motiver, Mots, Maitrisé	Mener, Mouvement, Mué
N	Nommer, Netteté, Neutre	Négocier, Nouveauté, Naturel
O	Observer, Option, Optimiste	Oser, Opportunité, Objectif
p	Proposer, Partage, Positif	Pouvoir, Pugnacité, Possible
q	Questionner, Quiétude, Qualitatif	Quitter, Quête, Quotidienne
r	Reformuler, Repaire, Rassemblé	Renaître, Rire, Rayonnant
s	Sentir, Silence, Sacré	Semer, Satisfaction, Simple
t	Transmettre, Transition, Transcendant	Tester, Tranquillité, Transformé
u	Unir, Univers, Unique	Utiliser, Usure, Ultra résistant
v	Valoriser, Vision, Vrai	Voyager, Volonté, Victorieux
z	Zoomer, « Zenitude »	Zigzaguer, Zélé

« Le sentiment que j'ai de la vie est un sentiment musical - la musique, comme chacun sait, accomplissant ce prodige de disparaître dans le même temps où elle apparaît ».
Christian BOBIN (Autoportrait au radiateur, p.145, Gallimard NRF 1997)

A chacun son cadeau dans sa décennie

 A 20 ans : *Nous construisons notre identité et notre indépendance.*

 ***A 30 ans*** : *Nous nous réalisons professionnellement et fondons une famille.*

 ***A 40 ans*** : *Nous prenons plus de responsabilités professionnelles et voulons donner du sens à notre vie.*

 ***A 50 ans*** : *Nous privilégions la qualité de vie, nous cultivons le plaisir.*

 A 60 ans : *Nous nous investissons dans une nouvelle vie sociale et personnelle.*

Et chacune de ces transitions de vie nous prépare à la suivante, une merveilleuse aventure sans fin ...

BIBLIOGRAPHIE

François DELIVRE
Le métier de coach

Paul WATZWLAWICK
Changements, paradoxes et psychothérapie

Françoise KOURILSKY
Du désir au plaisir de changer

Gérard Dominique CARTON
Comprendre le changement

Williams BRIDGES
Transitions de vie

Vincent LENHARDT
LENHARDT V (2002), Les responsables porteurs de sens Culture et pratique du coaching et du team building, Paris, Insep, nouvelle édition enrichie à partir de celle de 1992.

ROSINSKI P
2003, Coaching Across Cultures New Tools for Leveraging National, Corporate & Professional Differences, London, Nicolas Brealey Publishing.

Carl Gustave JUNG
1916, L'âme et le soi ; renaissance et individuation, essai ; trad. de l'allemand par Claude Maillard, Christine Pflieger-Maillard et Roland Bourneuf.

Friedrich Wilhelm Nietzsche
Ainsi parlait Zarathoustra, publié en 1885, Traduction par Henry ALBERT. Les discours de ZARATHOUSTRA, Les trois métamorphoses

Hannah ARENDT
La solitude : citation, extrait de Responsabilité et jugement, publié à titre posthume en 2005

La crise de l'éducation essai, extrait de son ouvrage La Crise de la culture. Paru dans sa version originale, Between Past and Future en 1961

Christian BOBIN
Les choses …dans, La plus que vive, coll. L'un et l'autre chez Gallimard p. 71
Il nous faut naître deux fois… dans, La plus que vive, coll. L'un et l'autre chez Gallimard, p.15

ANNEXE 1

Protocole pour sortir des situations inefficaces

1. **Situation** Clarifier l'état présent

2. **Réaction** Etat interne négatif

3. **Histoire (croyances et règles)** Par le jeu de questionnement

    Clarifier l'historique que l'on se raconte avec 4 questions :

    - Qu'est-ce que cela vous montre ?
    - Qu'est-ce que cela vous indique ?
    - Qu'est-ce que vous comprenez ?
    - Pour quelle raison réagissez-vous ainsi ?

4. **Reconsidération** Reprendre les éléments de l'histoire sans être parasité par les émotions (se mettre à la place de l'autre)

5. **Evaluer la nouvelle réaction**

6. **Décision d'action** idem entretien de coaching

ANNEXE 2

Protocole du plan d'action

1. Redonner l'objectif

2. Nommer les étapes pour l'atteindre

3. Dater les étapes (début et fin)

4. Anticiper les solutions en anticipant les difficultés

5. Rechercher les ressources présentes et à venir

6. Ecrire noir sur blanc son plan d'action

7. Afficher son plan d'action

8. Ajuster en fonction de son déroulement

9. test à effacer

ANNEXE 3

L'ancrage : Existence d'un lien entre une information sensorielle extérieure (un son, une odeur, un geste, un point de contact physique, etc.) et une représentation interne comme un souvenir ou un état émotionnel.
Par exemple, quand nous sentons une odeur qui nous rappelle un lieu, il y a un ancrage. (C'est la madeleine de Proust).

En effet, des musiques, des odeurs, des images nous renvoient à certains souvenirs qui influencent notre humeur immédiate. Le but de l'ancrage est d'utiliser ces reflexes acquis pour nous servir au mieux dans notre vie quotidienne.

Processus de l'ancrage :
1. Repérer l'état émotionnel : **le choix de l'émotion.** Autrement dit, déterminer quelle émotion nous voulons pouvoir provoquer.

2. Identifier une expérience du passé qui a déjà provoqué cette émotion.
 : **le choix de l'expérience.**   il s'agit de ressentir naturellement cet état émotionnel afin de le capter, de l'enraciner.

3. Choisir un stimulus unique, précis et facile qui va permettre d'ancrer en soi cette émotion. **Le choix des stimuli** est essentiel pour un ancrage efficace.

4. Ressentir l'émotion recherchée en visualisant l'expérience vécue et effectuer l'ancrage sur le stimulus choisi. **La visualisation :** l'esprit est particulièrement en éveil, faire un stop de quelques secondes pour ancrer cet état,

S'entrainer le plus souvent possible, en ayant conscience que se grave un état émotionnel en vous.

Oui, je veux morebooks!

I want morebooks!

Buy your books fast and straightforward online - at one of the world's fastest growing online book stores! Environmentally sound due to Print-on-Demand technologies.

Buy your books online at
www.get-morebooks.com

Achetez vos livres en ligne, vite et bien, sur l'une des librairies en ligne les plus performantes au monde!
En protégeant nos ressources et notre environnement grâce à l'impression à la demande.

La librairie en ligne pour acheter plus vite
www.morebooks.fr

OmniScriptum Marketing DEU GmbH
Heinrich-Böcking-Str. 6-8
D - 66121 Saarbrücken
Telefax: +49 681 93 81 567-9

info@omniscriptum.com
www.omniscriptum.com